L'ITALIE ET ROME

EN 1869

ON TROUVE CET OUVRAGE :

A Paris, chez MM. C. DOUNIOL, rue de Tournon;
A la librairie du Crédit général, rue Godot-de-Mauroi, 18.

A Nancy, chez M. VAGNER, rue du Manége;
Mlle GONET.

PARIS. — IMP. VICTOR GOUPY, RUE GARANCIÈRE, 5.

L'ITALIE

ET ROME

EN 1869

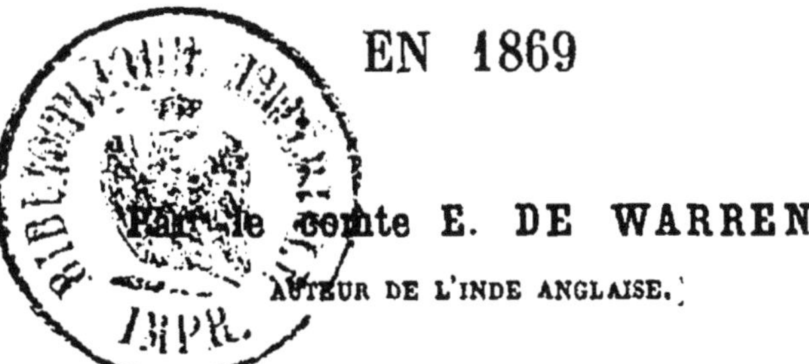

Par le comte E. DE WARREN

AUTEUR DE L'INDE ANGLAISE.

> Ah! pel mondo di pace la vittima
> Offri anche oggi all' amante signor.
> Ei ti ascolti, e pentiti ritornino
> Gli altri figli al paterno tuo cor!
>
> Borri.

PARIS

C. DILLET, LIBRAIRE-ÉDITEUR

15, RUE DE SÈVRES, 15.

1869

PRÉFACE

Qu'est-ce qu'une préface? Disons plutôt : qu'est-ce que doit être une préface quand elle est écrite par l'auteur même du livre qui est présenté au public? Il nous semble que ce doit être un sommaire très-court, un aperçu, une fenêtre ouverte, une vue d'ensemble, si c'est possible, qui permette au lecteur de juger d'un seul coup-d'œil la portée du livre, le but et l'intention de l'écrivain. Conformément à notre principe, nous nous bornerons à donner au public notre justification en quelques lignes.

Depuis longtemps nous éprouvions le besoin d'obtenir une idée exacte de l'état des choses en Italie, au point de vue de la situation matérielle, morale et politique. Mais si nous restions dans notre arche, toujours ancrée au même port, à quel messager, colombe ou corbeau, fallait-il nous confier pour nous en rapporter des nouvelles? Comment échapper aux préjugés, au parti pris, aux idées préconçues? Bast! le plus simple était d'y aller nous-même, pour voir par nos propres yeux et entendre par nos propres oreilles : c'est le parti que nous avons pris et c'est celui que nous conseillons à tous ceux de nos lecteurs qui ont le loisir de le suivre. Quant aux autres, nous leur traduirons le plus brièvement, le plus simplement possible, nos propres impressions, avec une entière bonne foi : nous leur dirons la vérité, rien que la vérité, toute la vérité.

Abordant les questions brûlantes qui se rattachent au grand problème de la transformation de l'Italie, nous avons voulu les étudier sur place, telles qu'elles se présentent dans les grands centres de Gênes, Turin, Milan, Venise, Florence, Naples et enfin Rome. Nous les exposons aujourd'hui dans leur dernière actualité selon qu'elles ont avancé ou reculé; et nous disons franchement notre opinion, qui ne peut être qu'une conjecture, sur l'avenir qui leur est réservé.

Que les catholiques se rassurent : nous nous sommes agenouillés aux pieds de Pie IX, et nous avons la prétention que le Saint-Père ne compte pas parmi tous ses fidèles de fils plus dévoué. Mais d'autre part les patriotes italiens, en conservant à ce nom de patriote son sens grammatical et honorable, ne trouveront rien dans ce volume qui soit hostile à leurs aspirations *légitimes*. Ils y découvriront même, ce qu'ils cherchent depuis si longtemps sans pouvoir le trouver, une *solution* à toutes leurs difficultés sociales et politiques; solution parfaitement acceptable par tous les partis, et qui donnerait satisfaction aux principes religieux et conservateurs, en même temps qu'aux intérêts matériels, développés suivant la loi nouvelle et aujourd'hui irrésistible des grandes agglomérations nationales qui ne sont autre chose que l'application à la politique du système des grandes associations financières et industrielles.

Cette solution, nous n'avons pas la prétention de l'avoir inventée, car elle a déjà fait son chemin de l'autre côté des Alpes; elle ressort de plus en plus de la situation, elle est dans la force des choses, elle est déjà dans tous les esprits réfléchis qui veulent arriver à l'harmonie par l'apaisement et la conciliation. C'est l'organisation de l'Italie en une confédération triple et une, calquée sur la grande confédération du nord de l'Allemagne, et dans laquelle les gouvernements de Naples et des États pontificaux se trouveraient à l'égard du gouvernement piémontais dans la même position que le roi de Saxe vis-à-vis du roi de Prusse. Il y aurait cependant cette nuance essentielle en faveur des États pontificaux que ces derniers seraient placés sous la garantie collective de toutes les puissances catholiques.

Nous l'avouons : ce n'était pas sans une certaine inquiétude mêlée de doutes que nous entrions dans la ville éternelle. La mauvaise presse de tous les pays s'est tellement acharnée depuis quelques années contre ce qu'il lui plaît d'appeler l'ignorance, l'impuissance, l'inertie, le *non possumus* intellectuel de Rome et de son gouvernement, qu'à force de lire ce tissu de mensonges et de calomnies, nous avions été sur le point d'en croire quelque chose. Mais pour celui qui va à Rome avec un cœur sincère et qui se donne la peine de fouiller au fond des choses, ce préjugé est bientôt dissipé. L'observateur sérieux ne tarde pas a être frappé du mouvement prodigieux des études et des recherches de toute nature qui se poursuivent à Rome dans le recueillement et le silence, tandis que dans les autres capitales du monde civilisé, elles se font au milieu du bruit et de l'agitation fiévreuse. Seulement on conçoit que sur un pareil terrain, avec de tels antécédents, et au milieu de tant de souvenirs, de ruines, de monuments des âges passés, enfin avec la mission religieuse du gouvernement romain, on conçoit, disons-nous, que ces études doivent plus spécialement se diriger vers la théologie, l'histoire, l'archéologie, la linguistique. Et, effectivement, c'est à Rome que l'on trouve les premiers archéologues et les premiers linguistes de notre époque. A mesure que s'approche l'heure du concile œcuménique, on dirait qu'ils redoublent leurs efforts pour multiplier leurs découvertes. — Et quelles découvertes! Celles des deux frères, Michel et G. B. de Rossi, sont de nature à amener toute une révolution dans les églises réformées. Les premiers fidèles, disaient les réformateurs, n'avaient recours à d'autre intercession que celle du Christ. L'idée de s'adresser à la Vierge et aux saints n'était qu'une superfétation datant du IVe siècle. Or, voilà que les fresques et les grafites des catacombes établissent d'une manière irrécusable que ce recours à la Vierge, et tout au moins aux martyrs en fait de saints, remonte aux premiers siècles de notre ère. Voyez cette vierge nimbée devant laquelle s'inclinent les fidèles : elle tient sur ses genoux l'enfant Jésus ; et cet enfant, il est impossible de le méconnaître, n'est autre que le jeune Tibère. Or, Tibère est mort l'an 37 de l'ère chrétienne.

Mais la plus grande découverte de toutes, peut-être la plus grande découverte des temps modernes, c'est celle à laquelle nous avons le bonheur d'attacher indirectement notre nom, puisque nous aurons l'honneur d'en apporter dans ce pays la première nouvelle et la première exposition. Nous voulons parler des propriétés encore inconnues, c'est-à-dire des nouvelles valeurs alphabétiques attachées à chaque caractère de la langue hébraïque au point de vue des nombres, et de l'application tout à fait merveilleuse de ces nombres à la démonstration non-seulement des vérités évangéliques, mais même de toutes les grandes vérités mathématiques et astronomiques.

C'est un nouvel instrument mis, au moment où il était le plus nécessaire, entre les mains de ceux qui combattent pour la foi, et qui ne permettra plus aux incrédules d'opposer à la science des théologiens cette objection si souvent formulée que « la langue hébraïque est ainsi faite qu'on peut lui faire dire tout ce que l'on veut. » Les nouvelles valeurs donnent précisément ce qui manquait jusqu'à ce jour : un moyen de contrôle sévère. La clef que nous livrons aujourd'hui pour la première fois, sera maintenant entre les mains de tous, et fera désormais de la linguistique hébraïque une science positive et mathématique.

C'est cependant à Rome, ce dernier refuge de l'ignorance et de la paresse, selon ses détracteurs, que la science moderne devra ce dernier bienfait. Mais laissons dire et laissons faire : *rerum magna parens* n'en restera pas moins, dans le présent et dans l'avenir, comme dans le passé, le grand foyer lumineux; et selon l'expression du poëte :

> Le Dieu poursuivant sa carrière
> Verse des torrents de lumière
> Sur des obscurs blasphémateurs!

L'ITALIE ET ROME

EN 1869

J'ay veu ailleurs des maisons ruynées, et des statues, et du ciel et de la terre : ce sont toujours des hommes. Tout cela est vray, et si pourtant ne sçauray revoir si souvent le tombeau de cette ville si grande et si puissante que je ne l'admire et révère. Le soing des morts nous est en recommandation. Or j'ay esté nourry dès mon enfance avec ceux icy : j'ay eu cognoissance des affaires de Rome longtemps avant que je l'aye eue de ceux de ma maison. Je sçavais le Capitole et son plan avant que je sçusse le Louvre, et le Tibre avant la Seine. J'ay eu plus en teste les conditions et fortunes de Lucullus, Metellus et Scipion que je n'ay d'aucuns hommes des nostres.

Et puis cette mesme Rome que nous voyons, mérite qu'on l'ayme. Confédérée de si longtemps et par tant de titres à notre couronne : seule ville commune et universelle. Le magistrat souverain qui y commande, est recogneu pareillement ailleurs. C'est la ville métropolitaine de toutes les nations chrestiennes. L'Espagnol et le Français, chacun y est chez soy. Pour estre des princes de cet estat, il ne faut qu'estre de chrestienté, où qu'elle soit. Il n'est lieu, ci-bas, que le ciel ayt embrassé avec une telle influence de faveur et telle constance, sa ruine mesme est glorieuse et enflée, *Laudandis pretiosior ruinis*. Encore retient-elle au tombeau des marques et images d'empire.

MONTAIGNE.

J'ai toujours eu pour principe que l'abeille qui s'éloignait de la ruche était dans l'obligation de n'y rentrer qu'en rapportant avec elle sa provision de miel.

Arrivant d'Italie après en avoir visité les principales villes et après un assez long séjour à Rome, je me suis immédiatement demandé ce que je devais faire, quel travail je pouvais entreprendre pour me conformer à la loi que je viens d'énoncer.

Parmi les matériaux de toute nature que j'avais recueillis sur mon chemin, quel souvenir pouvais-je choisir pour en faire hommage au retour à mes amis et compatriotes? Rome et l'Italie devant être mon sujet, à quel point de vue devais-je les examiner pour éviter de retomber dans les lieux communs, dans les routes battues? Écrirais-je en touriste ou en pèlerin pour décrire les sites, les monuments, les musées, les églises? Évidemment non : sur cette voie je me heurterais dès les premiers pas contre l'encombrement et le trop plein. Les côtés pittoresques et artistiques de l'Italie m'étaient également interdits par la satiété du public. Tant de guides ont paru dans toutes les langues avec des éditions qui se complètent et se perfectionnent d'année en année, qu'il n'y a plus rien à ajouter à leur statistique minutieuse, savante et éclairée. Nous devons donc nous appliquer à cet égard dans un sens différent de celui du poëte le fameux vers du Dante.

Non ragionamo di lor ma guarda e passa.

(Ne parlons pas de ces choses, regardons-les et passons.)

Il en est encore de même de la Rome ancienne

étudiée dans la Rome moderne. Ce travail a été si bien fait dans un passé déjà assez reculé par Montaigne, Felibien, Montfaucon, Barthélemy, et a été continué de nos jours avec tant de talent par Chateaubriand, Lamartine, Ampère, Théophile Gauthier et autres, que ce serait présomption d'empiéter sur un terrain qui appartient à tant d'illustrations.

Mais si l'on veut considérer l'Italie au point de vue social, moral, et surtout politique, il faut reconnaître que toutes les études qui ont été faites par les générations antérieures sont à refaire, tout ce qu'elles ont vu est à revoir, tout ce qu'elles ont jugé est à juger de nouveau, parce que toutes les conditions sociales et politiques observées par les écrivains qui se sont succédé jusque dans ces dernières années, on peut dire jusqu'au moment même où nous écrivons, sont ou complétement renversées ou profondément modifiées et qu'elles se modifient encore de jour en jour.

Le Président de Brosses, qui a décrit les mœurs romaines d'il y a cent ans avec une plume gauloise et quelque peu rabelaisienne, n'est pas plus loin de nous que l'auteur de *Corinne* ou que Stendhal (Henry Bayle) dont le livre remonte à une quarantaine d'années seulement, mais dont les tableaux à la Rembrandt, tout remplis de réminiscences des Borgia, de drames sanglants, de meurtres, d'amours coupables, d'empoisonnements dans les couvents, ressemblent encore moins à la réalité d'aujourd'hui que les plaisanteries un peu hasardées de l'aimable président. En dehors de quelques pages de Monseigneur d'Orléans qui ne traite guère que les considérations religieuses, des souvenirs de voyage de M. H. Taine, magnifique étude, dans laquelle l'auteur a examiné l'Italie et la vie italienne au point de vue de la comparaison entre la civilisation chrétienne et la civilisation païenne, sous le triple rapport de l'individu, de la famille et de la cité ; d'un ou deux autres ouvrages de moindre valeur, et enfin de quelques articles de revues, nous avons très-peu de documents substantiels à consulter. D'ailleurs du train dont vont les choses, il y a d'une année à une année plus de choses nouvelles à rapporter qu'autrefois d'un siècle à un siècle.

Nous ne parlons, pas même pour mémoire, du venimeux pamphlet de M. Edmond About, intitulé la *Question romaine*, qui contient une calomnie à chaque ligne. C'est cet honorable écrivain qui déclarait en 1858, en parlant de l'armée pontificale, que les Romains trouvaient dur de payer plus de dix millions par an pour l'entretien d'une armée *sans instruction et sans discipline, d'un courage et d'un honneur problématiques*, et destinée à ne jamais faire la guerre, si ce n'est contre les citoyens. Qu'en pense aujourd'hui M. About après la campagne de Mentana? Le courage et l'honneur des soldats pontificaux lui paraissent-ils encore problématiques? Son livre est évidemment à recommencer.

Ce champ nous est donc ouvert, comme il sera ouvert après nous à nos successeurs, avec tout l'attrait de nouveauté et d'imprévu qui se rattache aux époques de transition. Mais s'il offre ce grand avantage, combien en revanche ne présente-t-il pas de dangers! combien de préoccupations, combien de désirs, combien d'amours, combien de haines qui forment comme un voile à travers lequel la vision des mêmes objets arrive à l'intelligence différemment colorée, suivant les conditions morales de l'observateur!

En esquissant les physionomies diverses de toutes ces populations, aujourd'hui réunies sous un même sceptre, dans cette grande mosaïque qu'on est convenu jusqu'à nouvel ordre d'appeler le royaume d'Italie; en exposant leur situation matérielle et morale, profondément modifiée par les événements de ces dernières années; et surtout en cherchant à faire ressortir leurs tendances, leurs aspirations réelles, au milieu des assertions qui se contredisent de toutes parts, à combien d'intérêts, de jalousies, de passions, de colères, ne vais-je pas me heurter? Je m'expose à bien des critiques, bien des attaques, non-seulement de la part des gens de mauvaise foi, mais de ceux aussi qui, de la meilleure foi du monde, ont adopté des préjugés, des enthousiasmes irréfléchis qui ne reposent que sur les mensonges dont la mauvaise presse de tous les pays inonde la France et l'étranger.

Pour échapper autant que possible aux murmures que je vais soulever, je me suis fait une loi de me borner au simple exposé des faits, des conversations, des opinions qui ont frappé tour à tour mes yeux ou mes oreilles, dans les différentes localités où je me suis arrêté, sans en tirer aucune conclusion.

Le touriste qui aurait la prétention de juger définitivement un pays où il n'a fait qu'un séjour de trois mois, serait d'une présomption impardonnable. Il ne lui est permis d'en parler qu'à la condition d'une extrême loyauté en racontant, sans *exagération* comme sans *réticence*, *tout* ce qu'il a vu, *tout* ce qu'il a entendu, soit en rapport, soit en contradiction avec ses opinions personnelles. Il doit se borner à ce rôle de témoin; et devant le public, comme devant un jury, il doit dire la vérité, rien que la vérité, mais toute la vérité.

Voilà le rôle que je me suis proposé : y suis-je toujours resté fidèle? Je l'espère, je le crois, mais je n'oserais pas l'affirmer. Si j'ai quelquefois montré le bout de l'oreille, que le lecteur veuille bien me tenir compte de mes efforts sincères et de ma bonne volonté d'être impartial.

GÊNES.

Quand on se rend en Italie par la magnifique route de la Corniche, la première cité importante, le premier grand centre auquel on arrive est Gênes, la sixième ville d'Italie par sa population, la première par son commerce et sa position maritime. A l'énergie et à la turbulence de ses habitants, on reconnaît le sang français qui coule, au moins pour moitié, dans leurs veines. Effectivement, du Xe au XIXe siècle, Gênes n'a jamais été que colonie française ou république indépendante. Après cinq siècles de lutte entre le peuple et la noblesse (de 972 jusqu'à la fin du XVe siècle), elle se donne à Louis XI qui la donne au diable. Elle est tour à tour soumise à Charles VI et à Louis XII qui la prend et la perd deux fois. En 1528, André Doria la délivre définitivement des Français et organise le gouvernement des *doges* qui, de deux ans en deux ans, se succèdent sans interruption jusqu'en 1797. Elle est alors entraînée comme Venise dans le mouvement révolutionnaire, et son gouvernement républicain disparaît dans la guerre entre la France et l'Autriche. Tombée d'abord au pouvoir de la France, elle est attaquée par les Autrichiens en 1800; et défendue par Masséna, elle soutient un des siéges les plus mémorables dont l'histoire fasse mention. Après soixante jours de blocus, du 6 avril au 5 juin 1800, quand la moitié de la garnison était dans les hôpitaux, quand le reste pouvait à peine tenir ses armes, quand il n'y avait plus que cinq livres de pain dans cette ville de cent mille habitants, dont quinze mille étaient morts de misère, Masséna ne consentit à livrer Gênes qu'à condition qu'il se retirerait avec toutes ses troupes, ses canons, ses bagages. L'occupation des Autrichiens ne fut pas de longue durée; huit jours après, l'armée de Mélas était détruite à Marengo, et l'armistice d'Alexandrie, signé le 16 juin 1800, rendait encore une fois Gênes à la France, qui la conserva jusqu'en 1814, époque où elle fut momentanément rétablie en république. Quelques mois plus tard, le 1er janvier 1815, elle fut définitivement annexée à la Sardaigne.

Depuis lors elle a bien des fois résisté à ses nouveaux maîtres, et il a fallu souvent employer le canon pour la ramener à la discipline. Avec la connaissance de ces antécédents, on se rend facilement compte de l'état de choses que l'on y aperçoit aujourd'hui du premier coup d'œil. Pendant les deux séjours que j'ai faits dans cette ville, tant en allant en Italie qu'en en revenant, j'ai suivi méthodiquement, obstinément, le même système qui m'avait si bien réussi deux ans auparavant à Turin, à Venise, à Milan, dans toute l'Italie septentrionale, et que je n'ai cessé de suivre dans tout le reste de mon voyage : celui d'entrer en conversation avec tout le monde, depuis le descendant des doges quand j'avais l'honneur de lui être présenté, jusqu'au plus simple ouvrier, depuis le capitaine de la marine royale, ou celui du paquebot de commerce, jusqu'au dernier marin dans le port. J'ai interrogé sans cesse : mes amis m'ont quelquefois reproché d'être un infatigable questionneur ; mais moyennant toutes ces questions, je suis arrivé assez approximativement à la vérité sur beaucoup de choses, ce qui n'est pas si facile qu'on le pense dans cette bonne Italie où, par pudeur sans doute, on vous la livre rarement toute nue et rarement au premier appel. Je ne dis pas cela pour les Génois en particulier, je ferais au contraire très-volontiers une exception en leur faveur. Il y a chez eux une certaine ardeur française et une certaine rudesse républicaine qui fait qu'ils vont souvent au-devant de vos questions, y répondant carrément et sans ambages. Profitons-en pour constater ce qui se passe aujourd'hui même dans la plus superbe ville d'Italie.

Gênes est en pleine voie de prospérité ; elle grandit à vue d'œil, elle s'enrichit prodigieusement; son commerce et sa navigation ont triplé depuis dix ans; l'abandon et la ruine du port de Livourne depuis l'annexion de la Toscane ont profité a elle seule; elle en a recueilli toutes les épaves. Elle a des bateaux à vapeur dont l'installation et l'élégance rivalisent avec les meilleurs spécimens de l'Angleterre et de l'Amérique : ce sont ceux de MM. Peirano et Danovaro, faisant les escales de Livourne, Naples,

Messine, Venise, Marseille, etc., et de MM. Rubattino pour la Sardaigne, Trieste. Tel petit commis qui n'avait pas un sou vaillant il y a dix ans, est millionnaire aujourd'hui ; par exemple M. Peirano a commencé avec 30,000 francs il y a douze ans ; il a maintenant plus de dix millions. La fortune de M. Danovaro a été plus rapide encore.

La cité a prospéré dans la même proportion que ses habitants. Quelle richesse, quelle élégance dans ses nouvelles constructions, dans la gare centrale du chemin de fer, jusque dans le *Campo Santo!* Dans ce dernier les monuments funéraires sont si beaux, les statues sur les tombes sont de tels chefs-d'œuvre, qu'on se croirait dans un musée de sculpture.

Les étalages des boutiques rivalisent avec ceux de Paris ; et dans cette ville républicaine par tous les instincts, les armoiries, les riches blasons sont sculptés ou coloriés sur toutes les portes, sur toutes les voitures qui y ont le moindre droit, comme sur les façades des anciens palais. Et cela (il faut le dire à leur louange) sans la moindre désapprobation des habitants ; le Génois n'est pas envieux ; il tient beaucoup plus à la liberté qu'à l'égalité.

Mais voilà, dira-t-on, un tableau des plus séduisants ; on en conclura que le Génois est parfaitement satisfait de son gouvernement et qu'il doit être d'avis que tout est pour le mieux dans le meilleur des mondes possible. Attendez un peu, n'allons pas si vite. Certainement le Génois est content de gagner de l'argent, mais il tient encore plus à conserver l'argent qu'il a gagné. Il est mécontent des impôts exhorbitants qu'il est obligé de payer sur toutes choses et qui prélèvent sur ses profits une part hors de toute proportion avec ce qu'il jugerait raisonnable. Il se demande d'où proviennent ces énormes déficits que tant de sacrifices ne parviennent pas à combler. Et comme il est aussi bon comptable qu'habile commerçant, c'est à Gênes plus que partout ailleurs que les actes du gouvernement italien, au point de vue de l'administration des finances publiques, subissent un examen aussi intelligent que sévère. Or il n'est pas besoin de s'y appesantir bien longtemps, pour faire de ce côté de tristes découvertes que l'on peut résumer ainsi : *désordres et détournements de fonds dans les recettes*, *ineptie et gaspillage dans les dépenses*. Les impôts directs sont en tous pays la principale source du revenu. Or, de l'aveu même des organes du gouvernement italien, il existe d'incroyables *désordres dans le service général du trésor en ce qui concerne la rentrée des impôts directs. Depuis dix-huit mois, impossible d'avoir une idée même générale des sommes encaissées sur l'impôt foncier et sur l'impôt dit de la richesse mobilière; les esattori ou receveurs expédient aux directions centrales des comptes irréguliers qu'on n'a aucun moyen sérieux de contrôler*. De là un désordre épouvantable contre lequel on vient de protester au Sénat. La Banque devant être très-prochainement chargée du service des trésoreries et la nouvelle loi sur la comp. tabilité étant à la veille d'entrer en vigueur, on espère que toutes ces graves irrégularités ne tarderont pas à disparaître. Mais en attendant c'est le pillage à tous les degrés et les pertes se multiplient. Quant aux dépenses, pour juger de la manière dont elles se font, il nous suffira de donner un exemple caractéristique. Cette histoire toute récente est assez jolie. Le teck ou teckier est un bois indestructible qui résiste au ver de mer et que l'on emploie de préférence pour les constructions maritimes. Le gouvernement italien en avait acheté une quantité considérable à 360 francs la solive. Lorsque cette fourniture fut arrivée à la Spezzia, certains employés déclarèrent que le bois était de mauvaise qualité. On le revendit en conséquence avec 200 fr. de perte au prix de 160 francs la solive. Mais les nouveaux acheteurs le dirigèrent sur un autre port, où le gouvernement le racheta de nouveau à 250 francs pour le revendre encore une fois sur une nouvelle condamnation à 100 francs la solive. — De sorte que le gouvernement a réalisé deux pertes, l'une de 200 fr. et l'autre de 150 francs et qu'il ne lui reste pas une solive de bois dans ses arsenaux. *Ab uno disce omnia.* Cela expliquerait jusqu'à un certain point le désastre de Lissa. On citerait beaucoup d'autres faits du même genre.

A ce même point de vue économique, le Génois se demande pourquoi le gouvernement piémontais (car pour lui c'est toujours le gouvernement piémontais) persiste à vouloir annexer la Sicile et le royaume de Naples dont les populations sont antipathiques à celles de l'Italie septentrionale, quand cette détermination l'oblige à entretenir une armée hors de proportion avec ses ressources. Il se dit que de déficit en déficit, on arrivera à la banqueroute; et il cherche vainement les gages qu'il sera possible d'offrir à de nouveaux prêteurs, maintenant qu'on a déjà aliéné le monopole des tabacs et les biens enlevés au clergé. Et considérant tout cela, le Génois est mécontent, très-mécontent, il prétend que depuis Cavour et d'Azeglio, l'Italie n'a produit ni un seul homme d'État, ni même un seul homme de valeur; et dans certains journaux qui se publient ouvertement (preuve incontestable de la liberté absolue de la presse) il traitera très-cavalièrement d'*asino*, de *bestia*, son roi ou son prince héréditaire. Un Anglais pénétré de respect pour sa souveraine, un Français habitué aux convenances vis-à-vis de l'empereur, est péniblement affecté de l'accueil glacial fait aux princes de la famille royale d'Italie quand ils passent en voiture découverte dans les rues, et même à cette charmante jeune princesse Marguerite pour laquelle on fait seulement cette différence : que quelques chapeaux se lèvent et que quelques rares sourires la saluent à son passage. Cela tient en partie à la rudesse des mœurs républicaines qui n'ont point changé. Le Génois est toujours de souvenirs et d'espérance républicain. Il ne se gêne pour personne et garde sa liberté d'allures et de paroles quelle que soit la société dans laquelle il se trouve. C'est à un tel point que le garçon d'hôtel qui vous sert à table d'hôte, intervient, sans la moindre hésitation et quelquefois avec une violence très-déplaisante, dans la conversation des voyageurs attablés, si elle prend un cours en désaccord avec ses idées.

Si l'on tient à connaître le mouvement intellectuel et scientifique de cette cité, le Génois vous dira franchement que le mouvement de Gênes est plutôt commercial et maritime. Cependant l'instruction n'y est point négligée : on y compte une Université fondée en 1471, où se trouvent des cabinets et des collections assez riches; un séminaire; un collége pour la marine, établi en 1817, dans l'ancien couvent de Sainte-Thérèse; trois écoles, dont deux pour les humanités et une pour les arts techniques; des asiles pour l'enfance au nombre de cinq; enfin, trois bibliothèques : Berio, de 35,000 volumes, Fransoniana, de 12,000, et des Missionnaires, de 25,000. Avec ces ressources le niveau général n'est pas très-élevé, mais on arrive à une bonne moyenne, de sorte que le Génois est assez satisfait de lui-même; et s'il est mécontent de son gouvernement, ce n'est pas au point de vouloir le renverser. Il se contentera de le laisser tomber. Il n'y a donc pas péril de ce côté. Voyons maintenant ce qui se passe à Turin.

TURIN.

Ici nous ne sommes plus en présence d'intérêts matériels satisfaits. Au lieu d'une prospérité toujours croissante, au lieu d'industrie et de commerce en rapide développement, nous trouvons absence complète de commerce et d'industrie; la classe ouvrière sans ouvrage ; la classe riche, composée pour la plus grande partie de fonctionnaires, dispersée ; enfin, les palais déserts et en voie de se fermer l'un après l'autre, et par conséquent les populations nécessiteuses sans secours et sans consolations, ce qui les jette dans la rue aux cris d'à bas le *macinato*, à bas *le gouvernement*. Cela se passait encore ainsi le 27 janvier dernier.

C'est qu'il faut bien le dire, Turin n'avait d'autre vie que celle de la cour; c'était la présence personnelle, l'entourage, le mouvement de la royauté qui faisaient circuler quelque sang dans ses veines; du moment qu'elle n'est plus capitale, elle n'est plus rien. C'est une coquille vide, c'est Versailles après le départ de Louis XVI. Le déplacement du siége du gouvernement est pour Turin un arrêt fatal : quelle que soit la nouvelle capitale que l'on choisisse, Rome ou Florence, pour elle le résultat est le même : c'est l'abandon, la misère, la faim, jusqu'à ce que mort s'ensuive. Or son ambition patriotique ne va point jusqu'à faire le sacrifice de sa vie. Elle prétend vivre en redevenant la capitale, à tout prix, et cette résolution modifie sa manière de voir sur bien des choses.

Depuis deux ans surtout qu'elle a été constamment en proie aux insomnies politiques, elle a eu le temps de faire bien des réflexions : on en fait tant et de si sages quand on est là, les bras croisés, à contempler sa propre ruine, en se disant qu'on a bien mérité son sort pour avoir voulu imiter la grenouille qui avait l'ambition d'être aussi grosse qu'un bœuf; et elle en est arrivée à cette tardive conviction que le programme tracé par l'empereur Napoléon III, et ainsi limité : « *L'Italie libre et une depuis les Alpes jusqu'à l'Adriatique,* » était après tout le seul sage, le seul praticable, le seul qui pût assurer la stabilité, la durée et le bonheur du beau royaume *Lombard-Génois-Vénitien.*

C'est à ce programme que tous les hommes au-dessus du niveau vulgaire en politique, à Gênes, à Milan, à Venise, comme à Turin, mais surtout à Turin, parce que pour Turin c'est une question de vie ou de mort, c'est à ce programme qu'ils voudraient revenir. Mais tous ne l'avouent pas encore, bien que cette idée ait aujourd'hui ses partisans franchement déclarés parmi les chefs de la société de la *Permanente.* La *Permanente* est à proprement parler l'opposition turinoise, composée d'individus d'opinions fort diverses. Cette opposition rallie autour de son drapeau une partie notable de la presse conservatrice. Il n'y a pas jusqu'à l'*unità cattolica*, journal incisif, mordant, le plus populaire de tous, qui, sans être son organe et en suivant même une toute autre voie, ne soit prêt à lui venir en aide dans tous les moments décisifs.

Le fait est qu'il n'y a pas aujourd'hui dans l'Italie du nord, même parmi les ministres du roi d'Italie, un seul homme de bon sens, si vous le supposez libre de toute entrave officielle, et surtout de tout engagement déplorable contracté dans les jours de jeunesse et d'inexpérience vis-à-vis des sociétés secrètes, qui ne soit prêt à reconnaître (surtout si vous lui parlez en tête à tête) que toutes les annexions depuis le traité de Villafranca, à l'exception de celle de la Vénétie, ont été autant de fautes et autant de malheurs.

Un haut fonctionnaire, dont je me garderai bien de prononcer le nom de peur de le compromettre, m'assurait que l'absorption de la Toscane et du royaume de Naples n'était nullement due à l'initiative de M. de Cavour. Ce peu scrupuleux mais très-habile ministre avait, au contraire, complétement adopté le programme de Napoléon III : « L'Italie affranchie, et le royaume d'Italie s'étendant depuis les Alpes jusqu'à l'Adriatique. » S'il a été entraîné plus loin, il faut l'attribuer uniquement aux circonstances fatales qui ont forcé l'empereur des Français de s'arrêter devant le quadrilatère; et entre toutes ces circonstances, à la plus funeste de toutes, parce qu'elle était décisive, l'attitude menaçante prise par la Prusse qui affectait alors de vouloir protéger l'Allemagne contre les ambitions alliées de la France et de l'Italie.

Mais l'entier accomplissement du programme se trouvant alors ajourné, il arriva que le Piémont, dont la fièvre de convoitise avait été surexcitée, se trouva comme une locomotive chauffée à toute vapeur qu'il était impossible d'arrêter sans danger d'explosion, et ne pouvant la lancer contre l'obstacle insurmontable du quadrilatère, Cavour dut la diriger bon gré, mal gré, dans la direction des petits états de l'Italie qui n'étaient pas de force à résister.

Mais il prévoyait une grande partie de ce qui est arrivé, c'est-à-dire le chagrin fort peu déguisé de Florence qui, malgré son titre de capitale provisoire de l'Italie, regrette amèrement le gouvernement paternel et à bon marché de ses grands ducs; la déception furieuse de Livourne dont tout le commerce a passé à Gênes, et qui se voit ruinée sans espoir d'un meilleur avenir; la rage et l'humiliation de Naples dont la haine héréditaire pour le Piémont s'est encore accrue par son union forcée; enfin les aspirations tout à fait divergentes de la Sicile qui tend irrésistiblement vers l'état de choses qui a été dans le passé, et qui restera constamment dans l'avenir son idéal : une république sicilienne sous le protectorat du gouvermement britannique.

Les temps les plus heureux et les plus prospères

pour la Sicile se rattachent effectivement à l'époque où elle vivait ainsi, lors des grandes luttes du premier empire français; et c'est à cet état de choses qu'elle est impatiente de revenir, secrètement entretenue dans ces dispositions par l'Angleterre qui, malgré son grand principe de non intervention, a protégé le débarquement de Garibaldi et s'est empressé de faire tous les frais de la fameuse expédition des *mille*. Tout le monde sait aujourd'hui que cette entreprise, si aventureuse en apparence, si facile en réalité par suite de la connivence des Siciliens et des ressources fournies par la flotte anglaise, n'a eu lieu que dans le but de détacher la Sicile du royaume de Naples, mais non point de la donner au Piémont.

Enfin, au lieu de s'arrêter dans cette voie déplorable, on a été encore se heurter contre l'impassible résistance de la papauté en lui volant les seuls États qui lui fournissaient le pain quotidien, les ressources nécessaires pour alimenter d'une part la population de la ville de Rome qui vit surtout des cérémonies du culte, et protéger d'autre part les intérêts catholiques dans le monde entier.

A l'exception du parti avancé qui ne voit dans l'annexion de Rome qu'une razzia à faire sur les propriétés des couvents (razzia, peu profitable puisque ces propriétés sont peu de chose en elles-mêmes, et seraient presque invendables ; car plus le terrain est sacré, plus il paraîtrait brûlant aux acquéreurs), à l'exception, disons-nous, du parti avancé, tout le monde, en Italie, comprend aujourd'hui qu'annexer au royaume d'Italie ce qui reste des États pontificaux, ne serait qu'ajouter une faute à tant d'autres fautes. Quand on aura pris Rome, il s'agira de la nourrir, de la faire vivre : au lieu d'ajouter quelque chose au revenu, ce sera une charge énorme, puisque même avec la ressource précaire *du denier de saint Pierre*, ressource qui disparaîtrait évidemment sous le nouveau régime, le gouvernement pontifical subit, depuis la perte de ses provinces, un déficit annuel d'au moins douze millions. Le parti piémontais fait observer avec raison qu'il y a déjà bien assez de vaches maigres pour dévorer les vaches grasses de la Lombardie, sans aller chercher celle-là, qui est la plus maigre et la plus dangereuse de toutes, au prix des exécrations des catholiques du monde entier.

Mais que faire alors dans cette position qui s'aggrave chaque jour? *Chi lo sa?* Restituer le royaume de Naples à Sa Majesté François II? et la Toscane à un grand duc quelconque? Cela paraît bien difficile à l'égard des créanciers de l'Italie. La première condition d'une pareille restauration serait nécessairement le partage de la *dette italienne* en proportion de la superficie des territoires respectifs. Mais quand on a pris Naples et Florence, leurs trésors étaient bien garnis : le crédit de Florence était au-dessus du pair, celui de Naples faisait 20 francs de prime à

120 : on leur rendrait leurs caisses vides et le crédit à 56. — Celui qui a épousé une femme malgré elle est assez malvenu, après une lune de miel peu enivrante à lui proposer le divorce quand il a achevé de manger sa dot.

Voilà la difficulté, et il est presqu'impossible d'en sortir. En attendant, la *Perseveranza* de Milan, journal ministériel très-modéré, reproche avec raison au parti de la *Permanente* ses contradictions et son *modus vivendi* qui rend toute solution impossible. Dans le numéro du 5 février dernier, ce journal s'exprime ainsi : « Chaque fois que le ministère est en danger, qu'il est acculé à une question de cabinet derrière laquelle il n'y a plus que l'avénement du parti avancé, c'est-à-dire un abîme, vous vous empressez de le sauver par l'appoint de vos votes ; mais dès le lendemain, souvent dès le jour même, vous l'écrasez, vous le déconsidérez de vos blâmes, de votre désapprobation, comme vous l'avez fait à propos des fusillades auxquelles il a fallu avoir recours pour l'exécution de la loi sur la mouture (*le macinato*). Vous êtes donc des fous ou des enfants, *matti o fanciulli*, à moins que vous ne vouliez la destruction du régime parlementaire, et du royaume d'Italie ? »

A cela les *permanenti* donneront une réponse analogue à celle de ce magistrat qui jugeait un pauvre diable pour le vol d'un morceau de pain : « Il faut bien que je vive, avait dit ce malheureux. » Je n'en vois pas la nécessité, répondit ce digne et sensible représentant de la loi. Les Piémontais de la *Permanente* ne seraient pas fâchés qu'un tremblement de terre quelconque (politique bien entendu), guerre générale ou révolte napolitaine à la Mazaniello, séparât définitivement l'Italie du nord de l'Italie du sud. Seront-ils exaucés? L'avenir seul le dira; mais voilà, si j'en crois mes yeux et mes oreilles, la tendance des esprits, le vœu général dans la ci-devant capitale.

Loin de nous cependant la pensée qu'il n'y ait chez tous les membres de la *Permanente* qu'un égoïsme a vues étroites et un patriotisme de clocher qui les porte à détruire ce qui est sans savoir ce qu'ils veulent mettre à la place. Il y a chez un très-grand nombre et chez les plus intelligents de ceux que l'on range dans cette catégorie, beaucoup plus et beaucoup mieux que cela : il y a la conviction qu'un arrangement nouveau qui bornerait le royaume d'Italie à l'Italie du nord, depuis les Alpes jusqu'à l'Adriatique, avec un simple protectorat sur le reste, protectorat qui serait accepté même par le pape si on lui rendait ce qu'on lui a pris, assurerait le présent et préparerait l'avenir en amenant immédiatement la plus heureuse des transformations.

Effectivement plus ne serait besoin d'une armée énorme et d'une grande flotte de guerre; le grand royaume piémontais, n'ayant plus un seul ennemi dans le monde, n'ayant plus rien à craindre, ni de l'Autriche ni de la France ses seuls voisins, et protégeant par sa seule position géographique tout le reste de l'Italie contre toute invasion étrangère, pourrait réduire ses armements au-dessous même de ce que l'on voit aux États-Unis. Il lui suffirait d'une trentaine de mille hommes pour garder son quadrilatère; quelques douaniers pour surveiller les défilés de ses montagnes; des navires de commerce en aussi grand nombre que possible pour former beaucoup d'excellents marins dont l'entretien et l'instruction ne lui coûteraient pas un centime, puisque l'industrie particulière en ferait tous les frais. On ne se presserait plus alors de faire des dépenses exagérées et surtout trop précipitées à la Spezzia; et l'on obtiendrait immédiatement, au lieu de budgets en déficit, des excédants énormes qui permettraient non-seulement de réduirele s charges qui pèsent aujourd'hui d'une manière écrasante sur les populations, mais même de rembourser rapidement les dettes. Si plus tard il y avait des annexions, ce seraient des annexions volontaires, les seules qui soient légitimes et durables; celles qui se font de proche en proche par le rayonnement du bien-être moral et matériel. Autant qu'il nous a été possible d'en juger, le programme des hommes sérieux, c'est-à-dire des hommes conséquents de la *Permanente*, pourrait donc se résumer ainsi :

1° Restitution à la papauté des provinces qui lui

ont été enlevées, à la condition de la reconnaissance par le pape du protectorat politique et militaire, mais sans aucune ingérence administrative du gouvernement italien à l'égard des États pontificaux; les stipulations de ce protectorat étant d'ailleurs placées sous la garantie collective de toutes les puissances catholiques.

2° Pour le royaume de Naples, restauration du roi François II moyennant l'acceptation de conditions absolument identiques, moins la garantie collective. Le pape souverain temporel, et le roi de Naples se trouveraient ainsi dans la grande confédération italienne, dans une situation analogue à celle du roi de Saxe dans la grande confédération allemande, avec une nuance en faveur du pape, savoir : que grâce à la garantie collective, sa position ne saurait s'amoindrir.

3° En ce qui concerne les armées pontificale et napolitaine, tout en conservant une organisation distincte au point de vue du recrutement (l'armée pontificale se recrutant dans le monde entier, l'armée napolitaine sur son propre territoire), elles feraient partie de l'armée italienne, dont elles seraient considérées comme des corps détachés et placés, en cas de guerre européenne, mais dans ce cas seulement, sous le commandement supérieur du roi d'Italie. Il va sans dire que la Toscane continuerait à faire partie intégrante du royaume d'Italie proprement dit, parce qu'il ne saurait être question de replacer une principauté autrichienne au centre du pays; mais la capitale serait reportée de Florence à Turin.

4° La difficile question de la dette commune à toute l'Italie serait réglée par des arrangements semblables à ceux qui sont actuellement en vigueur dans la confédération de l'Allemagne du nord : chaque État y contribuant sur son budget particulier dans la proportion de ses ressources. En un mot, le système général de la grande confédération italienne serait la reproduction presque exacte de celui de la grande confédération allemande. Ces conditions seraient très-probablement acceptées par le pape, si elles étaient effectivement précédées de la restitution proposée et placées sous la garantie collective de toutes les puissances catholiques. Quant au roi de Naples, son acceptation ne serait pas moins certaine, car cet arrangement le tirerait d'une misère profonde et lui permettrait de travailler encore au bonheur de son pays.

L'on obtiendrait ainsi la seule unité possible, mais une unité très-réelle, dans l'harmonie parfaite qui s'établirait immédiatement, d'une extrémité à l'autre, dans toute l'étendue de la péninsule italienne. Ce serait un grand bonheur pour l'Italie et une grande sécurité pour la France. Faisons donc des vœux pour que ce programme, parfaitement réalisable, soit sincèrement et efficacement patronné par toutes les parties intéressées.

MILAN.

Si nous passons à la Lombardie, à Milan, nous trouvons que de ce côté les souffrances et par conséquent l'irritation sont beaucoup moins vives. D'abord ici on n'a rien perdu au changement, et si l'on trouve les impôts excessifs et le fardeau de la conscription bien lourd, on est consolé par la pensée d'être réintégré dans la patrie italienne. Cependant, comme à Turin, on ne serait pas fâché de limiter le nombre des vaches maigres et récalcitrantes, alors même qu'il faudrait limiter la patrie italienne à l'Italie du Nord. Un bon petit royaume (qui ne serait pas si petit après tout) composé des États de Gênes, Venise, Piémont et Lombardie, avec l'appendice de la Toscane, en possession du quadrilatère et défendu par un rempart de montagnes inaccessibles, avec une armée tout à fait homogène, une population intelligente, industrieuse et énergique, pourrait défier les menaces du monde entier : on pourrait donc parfaitement s'en contenter. Les Lombards comme les Piémontais y chanteraient volontiers: « Où peut-on être mieux qu'au sein de sa famille? » et c'est à peine si l'on considère les Florentins comme des cousins; mais certainement on n'a jamais eu l'idée de considérer les Napolitains et encore moins les Siciliens comme appartenant à la même famille. En somme pourtant, en Lombardie, on ne se plaint pas trop et on prend patience, ce qui constitue une différence essentielle avec ce qui se passe à Turin.

Quant au mouvement intellectuel et scientifique de ces deux centres, Turin et Milan, il est peu sensible. On y trouve de pitoyables journaux, à deux ou trois exceptions près sans bonne foi et sans vergogne, quelques médiocres revues, quelques romans passables, peu de travaux sérieux. Ce n'est pas que l'instruction y soit négligée et que les moyens matériels fassent défaut. A Turin, il y a trois bibliothèques, dont celle de l'Université a 125,000 volumes, et celle de l'Académie des sciences contient des ouvrages curieux de littératures mexicaine, philippine, chinoise, arabe, syriaque, etc.; mais personne ne les consulte : la politique absorbe tout. A Milan, vous avez d'autre part la bibliothèque ambrosienne qui contient 140,000 volumes et 15,000 manuscrits précieux; mais vous y rencontrez très-peu de curieux et encore moins de *Bénédictins*.

VENISE.

Pour l'observateur qui se rappelle ce qu'était Venise, il y a très-peu d'années, et qui y retourne aujourd'hui, il y a dans l'atmosphère moral et politique un changement que l'on ne saurait méconnaître sans parti pris et nier sans mauvaise foi. Un poëte lorrain, la charmante comtesse de Chambrun, traduisait en 1862 ses impressions de la ville des doges par des vers encore inédits que nous avons été heureux de dérober à son album, et que nous sommes fier de pouvoir présenter au public pour la première fois.

VENISE (1862).

Nessun maggior dolore che ricordarsi del tempo felice nella miseria.

I

J'étais belle, adorée, heureuse.
Le lion me servait d'appui.
Le soir j'étais folle et rieuse...
Je pleure et je dors aujourd'hui.

II

Les perles formaient ma couronne.
Au monde je dictais mes lois.
J'étais assise sur un trône,
Et je suis sous les pieds des rois.

III

Naguère les premiers génies
Ornaient les murs de mes palais,
J'avais les muses pour amies...
Les muses ont brisé leur lyre et... je me tais....

IV

Sur un vaisseau d'or et d'ivoire,
Le sceptre en main, le front chargé de fleurs,
J'étais souriante en ma gloire.
Je me souviens.... et je cache mes pleurs.

V

Lorsque des mers j'avais l'empire,
Mes étendards flottaient au loin.
J'ai pour sceptre aujourd'hui la palme du martyre,
Et j'entends mes enfants qui pleurent de besoin.

VI

L'encens et la myrrhe des Mages
A mes pieds étaient apportés
Et pour moi montaient aux nuages...
Mais leurs parfums y sont restés.

VII

Jadis la Grèce et l'Arabie
M'offraient leurs plus riches présents
Pour enchanter et pour charmer ma vie...
Hélas! aujourd'hui je me vends.

VIII

De mes bagues de fiancée
Les dauphins au fond de la mer
Ont fait une chaîne rivée,
Dont le dernier anneau n'est pas d'or, mais de fer.

IX

J'avais pour moi toutes les gloires, ;
Les arts exhaussaient mes esprits,
Et je remportais des victoires...
Mais tous mes lauriers sont flétris.

X

Ma jeunesse fut un délire
D'orgueil et de félicité...
Je n'ai plus qu'un pâle sourire,
Triste reflet de ma beauté.

XI

Mon front brillait de pierreries,
La pourpre teignait mes manteaux
Chargés d'or et de broderies ...
Et mes robes sont en lambeaux.

XII

Jeune, je fus de l'Italie
La perle qui la fit pâlir....
Aujourd'hui, belle encore en ma mélancolie,
Sur mon sort je l'entends gémir.

XIII

Je savais gagner des batailles;
Mes enfants étaient des héros....
J'ai vu s'étioler ces fruits de mes entrailles,
Et je n'ai plus que leurs tombeaux.

XIV

Autrefois, j'étais grande et forte,
Ardente au choc, à l'action....
Aujourd'hui, je suis froide et morte,
J'attends la résurrection!

XV

De l'Adriatique à la Crète
Mon lion s'asseyait aux ports....
Sur son marbre il penche la tête....
Respectez le sommeil des morts.

XVI

Je fus reine, et je suis captive;
Mes couleurs brillaient au soleil.
La chaîne aux pieds, je m'endors sur la rive.
Patience; viendra le réveil!

XVII

Ce peut être un réveil terrible,
Celui du lion irrité
Qui garde, sous son air paisible,
Un peu de sa férocité.

XVIII

Adieu l'or, adieu les couronnes,
Au revoir, chère liberté !
Qui sait combien ébranlera de trônes
Le souffle du prochain été ?

Aujourd'hui ces sombres idées se sont rassérénées : Venise n'a plus de haine pour personne. Elle a pardonné à l'Autriche, elle aime la Piémont, elle est comme une jeune mariée qui n'aspire qu'à vivre ; elle ne regrette rien du passé, elle espère beaucoup de l'avenir, elle espère même beaucoup plus que l'avenir ne pourra lui donner. Aussi des provinces nouvellement annexées à la couronne piémontaise, celle de Venise est en ce moment la plus satisfaite. Il ne saurait en être autrement quand on considère ses antécédents. Pendant onze cents ans, depuis 697, époque de la nomination de son premier doge, jusqu'au traité de Campo-Formio, signé le 17 octobre 1797, elle avait joui, sous une république aristocratique, d'une prospérité presqu'ininterrompue ; et si le gouvernement qui lui avait donné tant de gloire et tant de richesses succombait enfin à cette dernière époque, ce n'était pas de mort naturelle devant la fatigue ou le mécontentement de ses propres sujets, mais devant la violence et la mauvaise foi de l'étranger. Lorsqu'éclata la guerre de géants entre la monarchie autrichienne et la révolution française, Venise avait sincèrement désiré pouvoir garder la neutralité. Mais les terribles belligérants qui, sans se soucier de ses protestations, venaient se battre sur son territoire, finirent par se partager ses dépouilles : Venise, l'Istrie et une partie de la Lombardie étaient définitivement cédées à l'Autriche pendant que le reste était donné à la France et à la république Cisalpine.

Le crime s'accomplit, parce que la résistance était impossible; mais dans le cœur des populations, les souvenirs du passé étaient trop brillants pour pouvoir être facilement oubliés. Ils se perpétuèrent jusqu'aujourd'hui. L'attachement des Vénitiens à leur ancienne forme de gouvernement, comme un feu couvant sous la cendre, se révélait, à la moindre crise dans la situation générale de l'Europe, par des explosions périodiques qui témoignaient d'une conspiration permanente. Et ce n'était pas seulement les bas-fonds de la société qui fournissaient des recrues et des affiliés aux carbonari. Les classes les plus élevées par la naissance, par la fortune, par l'intelligence étaient à la tête du mouvement. Le marquis Canonici et ses affidés Renaldi, Munari, Foresti et Solera, expièrent par quinze et vingt années d'emprisonnement le crime d'avoir été les premiers apôtres de l'indépendance italienne en 1818. En 1822, *sur la Piazzetta*, Silvio Pellico et Maroncelli montaient sur un échafaud pour entendre leur sentence de mort commuée en vingt années de *carcere duro*. En 1831 le contre-coup de la révolution de Juillet amenait un nouveau mouvement qui faisait de nouvelles victimes. En 1835 les prisons regorgeaient tellement encore de détenus politiques qu'à l'avénement de Ferdinand IV, ce prince crut devoir offrir quelques consolations aux familles de ces contrées dont les parents gémissaient soit dans les forteresses de la Bohême et de la Moravie, soit dans un exil volontaire pour échapper aux condamnations. Il prononça en leur faveur une amnistie générale tout aussi impuissante pour ramener les esprits que les mesures coercitives. La grande conspiration qui, en 1844, s'étendait depuis Venise jusqu'en Sicile et dont les frères Bandiera furent les principales victimes, démontra jusqu'à l'évidence que l'assimilation ne serait jamais possible entre la race allemande et la race italienne.

En 1847, ce sentiment de répulsion s'était tellement généralisé qu'il se manifesta à la fois dans toutes les parties de l'Italie, et qu'il entraîna jusqu'au pape lui-même, le doux et saint pontife Pie IX. — Enfin le rôle héroïque joué par Venise dans l'entreprise hardie tentée par Charles-Albert a donné un nouvel éclat au patriotisme des Vénitiens, et, en confondant toutes leurs aspirations avec celles des

Piémontais, les avait parfaitement préparés à la fusion complète des deux nationalités.

D'ailleurs il y avait identité pour les intérêts matériels, qui, en ce qui concerne Venise, avaient été profondément affectés par la lutte prolongée pendant soixante-dix ans contre la domination autrichienne. — Écrasée par Trieste, qui, sous l'influence de l'Autriche, est devenue le premier port de l'Adriatique, Venise a vu son commerce diminuer de jour en jour et se restreindre aux opérations nécessitées par les besoins de la consommation locale. De toutes les branches d'industrie qui alimentaient autrefois la navigation, la seule à peu près qui ait survécu à la ruine des autres est la fabrication des verres, des glaces, des vitres et des objets vitrifiés, tels que cubes pour la mosaïque ; émaux, perles, jais, grains de couleur et ornements de toutes formes désignés sous le nom générique de *contarie*. Au lieu des innombrables flottes marchandes qu'elle expédiait autrefois en Syrie, en Égypte, sur les côtes de Barbarie, de la mer Noire et dans tout l'Orient, son commerce maritime n'était plus représenté que par trois à quatre mille navires à l'entrée et autant à la sortie, jaugeant deux ou trois cent mille tonneaux, et la valeur des marchandises importées ou exportées (y compris les céréales) ne dépassait pas soixante et dix millions.

Enfin, la ville elle-même, où tous les principaux emplois publics étaient donnés aux étrangers, offrait le spectacle de la décadence la plus douloureuse. La noblesse étant dispersée, la plupart des maisons patriciennes étaient abandonnées. La désolation de ses palais, la solitude de ses rues, la tristesse de ses canaux, où la rame du gondolier s'enfonce dans la vase accumulée, proclamaient tout haut sa misère. « *C'è da piangere.* » Il y a de quoi pleurer, nous disait-on en 1866. On conçoit donc avec quelle satisfaction on a dû accueillir une union définitive avec le Piémont : ce n'était plus un simple mariage de convenance, c'était le couronnement d'une affection qui avait eu le temps de mûrir sous l'influence d'épreuves supportées en commun.

La reine de l'Adriatique est encore dans la première joie de se sentir délivrée, dans la première ferveur de sa lune de miel. Elle vient encore de recevoir, en dernier lieu, un magnifique cadeau de noces : le vote par le parlement italien d'une somme de douze millions qui seront consacrés à lui rendre son ancien éclat, à nettoyer son port, à creuser ses lagunes, à meubler son arsenal, en un mot, à la parer et à l'enrichir de tout ce qui peut y attirer les marines militaires et marchandes du monde entier. La belle fiancée se rappelle ses triomphes passés, elle compte sur de nouveaux admirateurs. Elle espère reprendre le pas sur sa rivale Trieste, éclipser même Marseille dans un avenir peu éloigné. Toutes les échelles du Levant lui paieront tribut, et le canal de l'isthme de Suez aura été creusé exclusivement à son profit; l'Angleterre lui donnera la préférence pour le transport des dépêches, des marchandises et des voyageurs qui prennent aujourd'hui, en revenant d'Italie, la route à travers la France. Voilà de bien beaux rêves dans lesquels il y aura nécessairement quelques mécomptes. Ainsi voilà déjà deux ans que le drapeau italien flotte sur le *grand canal* et l'activité commerciale n'a pas encore fait grand progrès. La majeure partie des exportations se fait encore aujourd'hui de Venise par Trieste au moyen de navires côtiers qui se rendent d'un port à l'autre. Les industries disparues auront bien de la peine à renaître; et, quant à la malle de l'Inde, ce n'est point par Venise que les Anglais projettent de la faire passer, mais par la voie de Brindisi, Turin et le Mont-Cenis. Venise est dans une erreur complète à cet égard.

Quoi qu'il en soit, elle est dans la période de satisfaction qui suit immédiatement les désirs réalisés, et s'il s'y mêle quelques illusions, gardons-nous de les troubler, et traversons les montagnes pour entrer dans l'Italie méridionale en suivant toujours la côte du magnifique golfe de Gênes. Le chemin de fer auquel on travaille avec une activité fiévreuse ne va encore, à partir de Savone, sur le chemin de la corniche proprement dite, que jusqu'à Chiavari, de l'autre côté de Gênes, dans la direction opposée. Après cela, il faut gravir une chaîne escarpée de montagnes jusqu'à une hauteur de 700 mètres au col de Velva pour redescendre par Borghetto à la

Spezzia. Je viens de nommer un port large et sûr dans un site admirable à tous les points de vue, l'arsenal maritime de la Sardaigne depuis 1855, et en même temps l'objet d'une de ses plus dangereuses tentations. Aspirant à devenir un jour une grande puissance maritime, elle prodigue ici, avec trop de précipitation, des millions qui lui coûtent trop cher au prix des spoliations exercées sur ses voisins et du *macinato* levé sur ses propres sujets. Cependant, en voyant ce qu'elle a déjà fait et ce qu'il est possible de faire de ce golfe aux lignes d'une incomparable beauté, aux eaux profondes et parfaitement abritées, on comprend la fascination qu'il exerce sur le gouvernement italien, qui voit pour l'avenir, dans ce port, le rival heureux de Toulon, et l'on ose à peine le blâmer.

LIVOURNE.

A partir de la Spezzia la route ne nous offre plus d'intérêt au point de vue exclusif que nous examinons, jusqu'à Livourne : *le chef-d'œuvre des Médicis*, comme l'appelait Montesquieu, *la nouvelle Venise*, comme on la surnommait du temps de ses grands ducs, en raison de ses canaux, qui amenaient les marchandises jusqu'aux portes des magasins.

C'était le seul port de la Toscane depuis que celui de Pise était devenu impraticable ; et par cela même le monopole qu'elle exerçait de tout le commerce le long de cette côte, avait fait de Livourne une cité opulente de 80,000 habitants. Elle était le centre des relations d'une partie de l'Europe avec l'Italie, le Levant, la Sicile, l'Angleterre, la France et l'Amérique. L'annexion de la Toscane au royaume d'Italie a brusquement mis un terme à cette prospérité. Le commerce de Livourne a été anéanti, pour ainsi dire, en un seul jour. Tous les vaisseaux qui y déchargeaient autrefois leurs cargaisons prennent aujourd'hui la route de Gênes. Au lieu de 4,000 navires de tous les pavillons qui y entraient chaque année, si vous en exceptez les vapeurs des deux compagnies Danovaro et Rubattino qui y touchent chacun trois ou quatre fois par semaine pour y porter et y prendre presque exclusivement des voyageurs, vous n'y voyez plus que quelques barques de pêcheurs.

A quoi cela tient-il? Évidemment à part le fait de la prise de possession de la Toscane, le gouvernement italien n'y est pour rien. Il ne demanderait pas mieux que de voir le port de Livourne rempli de vaisseaux, il regrette presque autant que les Livournais la décroissance de leurs affaires : ce qui n'empêche pas qu'on lui en fait supporter toute la responsabilité, tout le blâme, selon le vieil argument : *post hoc, ergo propter hoc.* Le fait est que la position de Gênes, au point de vue commercial et maritime, offre des avantages incontestables sur celle de Livourne : elle est d'abord plus centrale et en communication immédiate par une ligne non interrompue de chemins de fer avec tous les centres de l'Italie et de l'Allemagne. Ensuite, elle est plus sûre et plus accessible, le port de Livourne étant sujet à des atterrissements auxquels on remédie à l'aide du bateau dragueur et l'entrée en étant resserrée par des bancs de sables.

Mais, ce qui nuit peut-être le plus aux Livournais, c'est leur propre caractère, surtout dans la classe ouvrière, celle qui est en contact immédiat avec les étrangers qui arrivent dans leur ville soit par bateau, soit par chemin de fer. Nulle part les facchini, les portefaix, les commissionnaires n'ont plus de rapacité, d'insolence et de mauvaise foi. On se résigne encore à être volé à la condition de l'être sans bruit, mais c'est insupportable d'être volé avec fracas et sous une grêle de protestations injurieuses. Quoi qu'il en soit, les Livournais de toutes les classes s'en prennent de la décadence de leur port et de leurs fortunes au gouvernement italien, auquel ils rendent la vie très-dure. Leur municipalité était tellement turbulente et hostile qu'il a fallu récemment la dissoudre et leur nommer d'office une nouvelle administration à la tête de laquelle on a mis un homme du parti *très-avancé*, mais connu par une énergie à toute épreuve. Il a la force en main, et on sait qu'il s'en servira au besoin, de sorte que la rue est tranquille, mais gare au moindre signe de faiblesse.

FLORENCE.

A Florence, la position est bien différente. Ici nous avons une population douce, efféminée, sans autre passion que celle des arts, aimant de préférence la vie contemplative, les plaisirs faciles, surtout le doux plaisir de ne rien faire. Et puis sur ce fond principal de la société florentine, s'est superposée, depuis l'annexion, une couche très-mobile, très-remuante, d'éléments presque tous étrangers au sol, une alluvion du débordement piémontais. C'est ce qu'on appellerait dans le midi de notre France *la colonie*, dans laquelle on comprend, à Florence, le roi, les princes, les ministres, le Sénat, la Chambre des députés, tout ce qui fait partie, à quelque degré que ce soit, des diverses administrations.

Ces deux couches superposées, c'est-à-dire le fond primitif et la couche alluviale, restent parfaitement distinctes; on a beau les agiter dans le même milieu, on n'obtient jamais leur mélange; comme si c'était de l'huile dans un verre d'eau, chaque molécule reprend toujours sa place parmi ses similaires. Au contraire, plus les contacts se multiplient, plus l'antipathie va croissant. Comment voulez-vous qu'il en soit autrement? Chaque acte du gouvernement italien est en contradiction directe avec les instincts les plus enracinés du peuple florentin. On veut le forcer à une agitation perpétuelle, lui qui n'aime que le repos; on veut faire de chaque homme un guerrier ou un conspirateur cosmopolite, un Bersagliere ou un Garibaldien, lui faire porter un uniforme ou une chemise rouge. Enfin on le froisse dans ses plus chères affections en même temps que dans ses sentiments religieux. Tous ces énergumènes qui viennent à la Chambre législative hurler des imprécations contre le pape, demander la spoliation et l'ostracisme du clergé tant séculier que régulier, le révoltent et lui font peur.

Et quand il voit les ministres monter à la tribune pour se joindre à ces cris sauvages à propos de l'exécution de deux scélérats qui auraient payé leur forfait de la même peine dans n'importe quel pays de la terre, ainsi que le déclaraient les journaux même les plus hostiles à la papauté de la protestante Angleterre (1), il se demande comment un général de division, président d'un conseil de gouvernement, a pu commettre une pareille sottise et une pareille lâcheté, qui se trouve en contradiction flagrante avec les opinions bien connues de ce même ministre, de celles du moins qu'il avait proclamées jusqu'alors,

(1) *Le Times*, à cette occasion, a eu la bonne foi de protester, en disant que le pape n'avait fait que ce que le gouvernement anglais venait de faire pour les Fénians coupables du même crime; et ce qu'il ne manquerait pas de faire toutes les fois que pareille circonstance se présenterait quand même il faudrait pendre jusqu'au dernier des milliers de Fénians.

tellement qu'on l'accusait d'être clérical; et ne pouvant se rendre compte d'une pareille aberration, le Florentin est saisi d'effroi parce qu'il reconnaît qu'il est sur une barque sans pilote, au milieu d'une mer agitée et semée d'éceuils.

Si vous vous adressez à un membre de la *colonie* pour avoir l'explication d'un fait qui excite également votre étonnement, gardez-vous de l'interroger devant témoins. Vous n'en obtiendriez rien qu'une réponse tranchante ou évasive, ou bien un simple mouvement d'épaules qui vous donnerait à entendre que ce sont des choses dont on ne parle pas à la légère, ni avec les étrangers. — Mais si vous pouvez le saisir en *tête-à-tête* et en disposition d'épanchement amical, il vous dira que cet acte tout à fait politique ne doit pas être jugé par les règles ordinaires de la morale; que semblable au fil du paratonnerre qui joue avec la foudre pour l'attirer dans un puits où son explosion n'est plus redoutable, cette philippique contre le saint et vénéré pontife n'avait d'autre but que d'ouvrir une soupape de sûreté aux passions du moment; qu'il s'agit seulement, dans tout ce que nous voyons et dans tout ce que nous serons peut-être condamnés à voir, de gagner du temps jusqu'à ce que l'on se trouve en présence d'une autre Chambre mieux composée. Que, quant aux projets d'aller à Rome pour l'annexer, il est complétement abandonné, et qu'en dépit de la déclaration stéréotypée de la nécessité de Rome capitale, le gouvernement italien est maintenant le premier à comprendre qu'il aurait tout à y perdre et rien à y gagner; qu'il n'en veut plus, qu'il n'y pense plus, etc., etc.

Reportez cette conversation, sans nommer votre interlocuteur, bien entendu, car en présence des sociétés secrètes, *nommer est toujours une trahison*, reportez, dis-je, cette conversation à un Florentin de *la veille* qui n'entend pas se convertir au nouveau dogme, il secouera la tête et ne croira pas un mot de ces assertions pacifiques. Il vous dira, s'il est sincère, quelque pénible que lui en paraisse l'aveu, que l'Italien, surtout celui de la nouvelle école gouvernementale, est presque toujours un être multiple. De même qu'il a plusieurs façons de s'habiller dans la même journée, qu'il a, par exemple, son habit de bal, son costume pour dîner en ville, un autre pour faire une visite du matin, enfin sa robe de chambre, de même il aura au moins quatre opinions différentes, selon qu'il parlera en public, ou dans un petit cercle composé exclusivement de gens de son parti, ou devant d'autres Italiens *qu'il ne connaît pas*, ou enfin en tête-à-tête avec un individu d'une nationalité tout à fait étrangère; et encore laissera-t-il percer de très-fortes nuances selon qu'il s'entretiendra avec un Anglais, un Russe, un Français ou un Allemand. Nous irons même plus loin, et nous affirmerons, d'après notre expérience, que, à moins que vous n'ayez, par une fréquentation prolongée, déjà fait un progrès sensible dans l'affection et la confiance de votre Italien, il trouvera bien plus commode, au lieu de vous donner une opinion qui serait plus ou moins la sienne et qu'il aurait la peine de préparer, de vous renvoyer tout simplement la vôtre qu'il reflétera comme un miroir. — Car votre opinion, il la connaît tout de suite, rien qu'en vous regardant : avec quelque machiavélisme que vous vouliez la déguiser, il saura la découvrir avec un tact qui est quelque chose de merveilleux. C'est de l'instinct, du flair, de la seconde vue. Il se l'approprie aussitôt avec une candeur admirablement jouée : et c'est partout que vous retrouvez cette comédie : le Florentin, le Napolitain et surtout le Romain y excellent.

Tandis que le Livournais vindicatif, de race à moitié grecque, ne demanderait pas mieux que de mordre, déchirer et renverser le gouvernement; le Florentin, en raison même de la douceur de son caractère, au lieu de résister au nouveau pouvoir qu'il ne veut pas reconnaître, se contente de se dérober pour éviter de lui prêter son appui. Ainsi, jusqu'à présent, il a été impossible de trouver, parmi l'aristocratie, ou la bourgeoisie un peu élevée, un maire, ou syndic pour la ville de Florence; et il a fallu, il faut encore que le comte Peruzzi qui, comme il le déclare lui-même, s'est perdu dans l'opinion de ses compatriotes en proposant, et en exécutant comme premier ministre le transfert de la capitale de Turin à Florence; il faut, disons-nous, que M. le comte Peruzzi se dévoue indéfiniment à remplir les fonctions provisoires de syndic, jusqu'au moment très-problématique où l'on pourra trouver quelqu'un de bonne volonté pour le remplacer. On peut juger par ce fait assez significatif du degré d'affection que portent au gouvernement italien les habitants de Florence; et quant à Sa Majesté Victor-Emmanuel et au prince héréditaire, lorsqu'ils se promènent aux *Cascine* sur le Lung-Arno, on affecte littéralement de ne pas les voir. Je dois constater cependant que dans la soirée du 20 décembre 1868, sur cette même promenade, on a vu ce phénomène : deux chapeaux (mais pas plus de deux chapeaux) se sont levés avec une émotion qui n'était pas feinte sur le passage de l'intrépide *soldat de Palestro* : ces deux chapeaux étaient le mien et celui de mon fils. J'ajouterai que cette manifestation parut si extraordinaire qu'on y répondit avec un empressement qui témoignait de tout l'étonnement; encore un peu la voiture se serait arrêtée! C'est que les mœurs de Florence ont bien changé depuis le temps d'Alexandre Farnèse; et qu'on y a aujourd'hui peu de goût pour les Monti, et les Tognetti, alors même qu'on voit accorder des pensions sur la cassette royale à la veuve de l'un, et au père de l'autre. Il ne suffit même pas de la hausse de ses loyers, de l'embellissement de ses places publiques pour concilier ses sympathies : elle préfère à son bien-être matériel le calme des esprits et la paix de la conscience.

Et cependant les ministres du roi d'Italie, quand on les rencontre dans un salon, ont l'apparence d'assez bonnes gens. Sur la recommandation de notre brillant confrère, M. Mézières, nous avons eu l'honneur d'être admis dans la loge de madame la comtesse Peruzzi à la Pergola, pour une représentation du *Prophète*. Nous y avons reçu successivement la visite de trois ministres qui venaient complimenter la femme de leur syndic et de leur ami. C'était le ministre de l'intérieur, M. Cantelli, que l'on prendrait pour le meilleur des hommes; celui de l'instruction publique qui a tout l'esprit qu'il doit avoir dans sa position; M. de Cambray Digny, l'habile financier, qui trouvera moyen de vendre la dernière parcelle de terrain enlevée au dernier couvent, et même le dernier paquet de détestable tabac manufacturé dans le royaume d'Italie avant de déclarer la banqueroute; il est impossible d'être plus séduisant que ce Buckingham italien, et on comprend qu'il obtienne autant de succès dans les boudoirs qu'à la tribune. Enfin le général Ménabréa lui-même, que nous avons vu pendant toute la représentation dans la loge en face de nous, à côté de sa gracieuse femme, n'a pas la moindre ressemblance avec les types classiques des Marat, et des Robespierre (1).

(1) Quant à M. le comte Peruzzi dont j'ai plusieurs fois

Eh bien alors! demande-t-on avec étonnement Florence et ailleurs, quand donc ces braves gens auront-ils le courage de leur opinion (on veut dire leur opinion réservée): celle qu'ils n'avouent, suivant la outume italienne, qu'en tête à tête ou en robe de chambre? Un Français demanderait, dans le langage d'André Chénier, quand donc se décideront-ils à l'égard de cette chambre plus ou moins Mazzinienne à faire rentrer dans leur fange

Ces *bandits* barbouilleurs de lois?

En attendant, la patiente et inoffensive Florence cherche à se distraire de tous ses ennuis en se livrant avec ardeur à ses études et à ses goûts de prédilection : l'histoire, la poésie, l'archéologie, la peinture et la sculpture. Elle a des salons littéraires qui rappellent l'hôtel Rambouillet ou bien les réunions chez madame Recamier : celui de madame la comtesse Peruzzi est, dit-on, en première ligne; nous n'avons malheureusement pas eu le temps d'en juger. L'étude des grands modèles inspire chaque jour en peinture de nouvelles toiles, qu'avec la division

parlé, il m'est interdit d'en faire l'éloge parce qu'on pourrait mettre en doute mon impartialité en raison de la reconnaissance que je lui dois pour toute son obligeance et notamment en m'aidant à rechercher la tombe de mon bisaïeul, mort gouverneur de Florence et enterré dans l'ancienne chapelle du couvent des Barnabites, aujourd'hui sous le vocable de San-Carlo, près la place San-Spirito.

excessive des fortunes nous ne sommes plus assez riches pour acheter ; et enfin sous le rapport de la sculpture, l'école Florentine est aujourd'hui la première du monde, comme on a pu s'en apercevoir à l'Exposition universelle. Parmi les nombreux Studio que nous avons visités, celui qui tient incontestablement le premier rang appartient à un sculpteur anglais fixé à Florence depuis près de trente ans : c'est le célèbre Power, l'auteur de l'*Esclave Grecque*, qui se trouve déjà reproduite dans tous les musées de l'Europe et de l'Amérique, excepté dans les musées de France. Après lui vient son élève le jeune capitaine Fuller, ancien officier de l'armée anglaise, qui dans son amour pour l'art a quitté l'épée pour le ciseau. Son dernier chef-d'œuvre est une de ces conceptions qui font mieux que vous charmer en vous attendrissant. C'est la jeune fille aveugle du roman de Bulwer (*Les derniers jours de Pompeï*), quand elle conduit Glaucus et Ione, à travers les ténèbres produites par l'éruption du Vésuve, jusqu'au bord de la mer où ils doivent trouver leur salut. Quelle grâce simple et touchante ! C'est la pensée fixée sur le marbre et continuant pourtant à se communiquer par le geste et par l'expression des traits.

NAPLES.

Mais l'espace nous manque pour nous étendre plus longtemps sur Florence; prenons maintenant notre vol vers Naples.

Quel changement dans toute la perspective ! Quel contraste pour les mœurs, pour les idées, pour la politique, comme pour la nature ! Quel magnifique lever de rideau ! Quel soleil, quel ciel bleu, quelle mer azurée, quels suaves contours ! Voyez Ischia, Sorrente, le cap Mysène, le fort Saint-Elme, et, fermant gracieusement la baie, voyez Nisida et Capri dans le lointain. Mais si, vous fiant à ces charmantes apparences, vous vous aventurez sur les flots pour aller à Capri chercher les traces de Tibère, une houle incessante, qui soulève votre bateau comme une coquille de noix, vous fait bientôt sentir qu'il faut avoir le *robur et æs triplex*, le cœur et le pied solides, pour se diriger impunément sur cet élément capricieux. Il en est de même pour le sol politique ; les Piémontais en savent déjà quelque chose, ils le sauront encore mieux plus tard. Nous ne sommes plus ici en présence de la répugnance timide et de la mélancolie résignée de Florence. Le tempérament de la population n'est plus le même et rappelle involontairement les vers de Byron :

Know you the land where the cypress and myrtle

The rage of the vulture, the love of the turtle
Are emblems of deeds which are done in their clime (1)?

Le Napolitain ne connaît pas de milieu; il est efféminé jusqu'à la lâcheté, ou violent et intrépide jusqu'à la férocité. S'il est homme du peuple, il est lazzarone ou cammorista; s'il appartient à une classe plus élevée et qu'il se lance dans la politique, il sera un Nunziante, ou bien un conspirateur contre l'ordre de choses actuel, il vendra son pays pour se donner des jouissances matérielles, ou il se lèvera comme un vengeur pour le délivrer.

Dans quel sens incline-t-il en ce moment? Est-il sorti de la période des lâchetés pour entrer dans celle de la réaction? Adore-t-il ce qu'il a brûlé, brûle-t-il ce qu'il a adoré? Nous avons un moyen infaillible de consulter le thermomètre de l'opinion publique dans les fluctuations des affections populaires. La foule à Naples adore-t-elle toujours les mêmes dieux ou bien son enthousiasme a-t-il changé d'objet? L'image de Garibaldi est là pour nous répondre. On sait si cette image a été pendant longtemps au pinacle, si elle a été suffisamment acclamée. Eh bien! est-elle encore portée sur le pavois? Paraît-elle aujourd'hui héroïque, ou grotesque? Rappelons-nous que c'est Garibaldi qui a

(1) « Connais-tu le pays où le cyprès et le myrthe, la rage du vautour et l'amour de la colombe, sont des emblèmes des délices ou des horreurs que l'on rencontre sous ce climat? »

été le principal instrument de l'annexion de Naples au royaume d'Italie. A quel niveau est en ce moment la popularité de Garibaldi ? Hélas ! *sic transit gloria mundi!* L'homme que sa médiocrité même, alliée à une certaine audace pour la guerre de flibustier, avait désigné pour en faire la marionnette principale de la triste comédie qui devait se jouer en Italie, a vécu trop longtemps pour sa renommée. On le juge aujourd'hui sur les ruines d'une intelligence qui a toujours été bornée et que l'encens dont on l'a enivrée outre mesure a fini par crétiniser. Il a eu le malheur de tomber dans des mains aussi stupides qu'ignobles, qui, en le poussant à écrire périodiquement des proclamations qui veulent dépasser celles de Mazzini, le rendent aussi odieux que ridicule.

Ces déplorables conseillers oublient que le Napolitain n'est pas seulement enthousiaste et violent ; il est aussi parfaitement moqueur et spirituel; et quand on lui répète à chaque instant que le Pape et les prêtres sont les vampires qui sucent tout le sang et la substance de l'Italie, il finit par dire en haussant les épaules : *Accidente !* le Pape et les prêtres ne nous demandent rien : s'ils tendent la main, nous leur donnons ce que nous voulons, et ils le rédonnent aux pauvres : le vampire qui nous suce notre sang et notre substance, c'est le gouvernement italien.

Un symptôme bien plus frappant encore et qui

vous prouve combien ce peuple est désillusionné de son idole, c'est qu'aujourd'hui, si vous voulez vexer un Napolitain au delà de toute patience, vous n'avez qu'à lui répéter, en paraissant y ajouter foi, une assertion qui avait été généralement acceptée jusqu'ici. Ne vous disait-on pas que le fameux condottiere et ses *mille* chevaliers de la table ronde, avaient suffi à eux seuls pour conquérir et pour donner au Piémont les deux royaumes de Naples et de Sicile. Le Napolitain vous répondra très-carrément, et bien plus, il vous démontrera irréfutablement, que Garibaldi n'a rien conquis du tout; que lui et les *mille* n'ont enfoncé que des portes ouvertes :

1° La Sicile leur a tendu les bras, parce qu'elle croyait se donner à l'Angleterre; et quant à Naples, elle n'a certainement pas été *conquise* par Garibaldi, le jour où il a pris possession de la capitale sans coup férir à la tête de quatre compagnons sans armes, par la bonne raison qu'elle avait été vendue et livrée par les officiers supérieurs de l'armée napolitaine, achetés à prix d'argent à commencer par leur général en chef. Quelques mois plus tard, il est vrai, le royaume de Naples a été conquis effectivement, mais non par Garibaldi : car le jeune roi François II, aidé par son héroïque compagne, aussitôt qu'il fut parvenu à se reconnaître au milieu de toutes ces trahisons, et qu'il eut pu réunir quelques officiers et quelques soldats fidèles, avait si bien rétabli ses affaires, qu'il a pu livrer bataille à Garibaldi et le mettre en complète déroute. Or celui-ci n'était plus seulement à la tête de ses mille, mais à la tête aussi de tous les traîtres qui l'avaient rejoint, ce qui n'empêcha pas qu'il se trouva en si grand danger que c'en était fait de lui et de l'annexion, si, d'une part, l'armée piémontaise n'était accourue à son secours, et si d'autre part plusieurs batteries d'artillerie anglaise, débarquées des navires de guerre dans la rade, n'étaient intervenues dans le combat.

Voilà ce que vous dit aujourd'hui le Napolitain, et cette nouvelle manière de raconter la fameuse expédition *des mille* est parfaitement exacte : car tous les faits sont constatés et avoués par la presse anglaise elle-même, bien qu'elle soit suffisamment connue par sa partialité pour Garibaldi. Mais si la popularité de celui-ci a singulièrement diminué dans ces derniers temps à Naples, la haine pour les Piémontais y a augmenté dans des proportions bien autrement sensibles.

Si vous cherchez les causes de cette progression malheureuse, elles se présentent nombreuses, persistantes, toujours plus actives, vous n'avez que l'embarras du choix.

C'est l'antipathie des races, c'est le mépris que le Piémontais ressent pour le Napolitain à tous les points de vue; il lui présuppose toutes les défaillances du courage, de la loyauté, de l'honneur. Les officiers piémontais ont plusieurs fois réclamé, et ne cessent de solliciter la division des régiments *par nationalités*, afin d'éviter un contact qui leur est odieux avec ceux qui ont *vendu* leur *prince* et leur *patrie.* Ils sont convaincus que l'enrôlement des conscrits de l'Italie méridionale dans les cadres de l'ancienne armée piémontaise, n'a eu d'autre effet que d'affaiblir celle-ci, que la nouvelle armée a perdu en solidité, au delà de ce qu'elle a gagné en nombre. Pas un officier piémontais qui ne vous dira qu'il vaudrait mieux, au double point de vue de l'efficacité et de la dépense, avoir moitié moins de soldats, pourvu qu'ils fussent tous recrutés dans l'Italie du Nord.

Si c'est ainsi que le Piémontais juge les qualités guerrières du Napolitain, au point de vue de ses qualités morales il n'est guère moins sévère, parce qu'il fonde son opinion sur ce qui saute aux yeux dans la partie la plus dépravée de la société, sur le lazzarone et le cammorista; sur les deux plaies qui déshonorent la classe infime de Naples : la paresse sous la forme de la mendicité et l'improbité avec toutes leurs conséquences. Il prétend qu'on a inventé à l'usage exclusif de Naples un onzième commandement de Dieu : « Chacun de tes jours voleras, quand le pourras impunément. » Enfin il constate que ces deux plaies : mendicité et improbité, remontent souvent à la surface et atteignent jusqu'aux sommités. Le Napolitain répond à cela : mais vous qui me jetez la pierre, êtes-vous donc si pur? Les préfets, les juges, les administrateurs, les financiers que vous nous avez envoyés depuis l'annexion, ont égalé quand ils n'ont pas dépassé sous le rapport des défaillances morales leurs prédécesseurs indigènes. Cela tient donc au contact, à l'air de Naples, retorquera le Piémontais, et il ajoutera dans son langage cynique : Si Naples a été violée, elle s'en est vengée comme on se vengeait en France sous François Ier.

Voilà pour la question d'amour-propre. 2° Celle des intérêts matériels n'est ni moins douloureuse ni moins irritante. Les créanciers de l'état Napolitain qui avaient placé leur fortune en rentes napolitaines ont souffert ici plus que partout ailleurs, puisque les rentes achetées à 115 et 120 ne valent plus aujourd'hui que 56. — 3° toutes les classes sont atteintes par les impôts qui ont décuplé ; et grâce au *macinato* aucun membre de la famille, quelque jeune qu'il soit, et quelqu'incapable de gagner sa subsistance ne saurait y échapper. — 4° La conscription atteint tout le monde chez un peuple qui a le métier des armes en horreur : sous les Bourbons, elle était à peu près nulle, l'armée Napolitaine, avant l'annexion, se composant en grande partie d'étrangers et pour le reste de volontaires. — 5° Et ce n'est pas une des moindres causes d'irritation, le peuple Napolitain est profondément religieux, souvent même jusqu'à la superstition.... Faites seulement la tentative d'empêcher l'exhibition du sang de saint

Janvier, ou de mettre en doute son miracle, et vous créerez immédiatement une émeute.

Eh bien! ce peuple étant donné, l'avidité Piémontaise n'a pu résister à la tentation de dépouiller ici comme ailleurs, les couvents, les monastères, et entre tous les monastères le plus beau, le plus vénéré de tous, celui dont le Napolitain était si fier et à si bon droit, vers lequel dès le point du jour ses regards se portaient chaque matin sur la montagne de San-Martino, dominant le plus magnifique amphithéâtre dans le monde.

De pauvres chartreux vivant d'austérités étaient parvenus à créer ici le plus saint des asiles, le plus admirable des musées, sculptures, tableaux des grands maîtres, mosaïques de pierre et de bois, des chefs-d'œuvre dont un seul avait quelquefois exigé le travail d'une vie entière de religieux, les reliques des saints les plus vénérés dans des châsses vitrées qui permettaient à tout venant, pauvre ou riche, de contempler ces restes précieux, tous ces trésors patiemment rassemblés étaient pieusement conservés par les bons pères à l'abri de toute profanation. — Aujourd'hui les chartreux ont été dépossédés sans indemnité, expulsés, exilés ; et leur place est prise par des soldats goguenards qui exhibent les saintes reliques, le rire aux lèvres et le blasphème à la bouche. Jugez de la consternation d'un peuple très-exalté au point de vue religieux, qui est ici froissé dans ses plus chers instincts ; et vous étonnerez-vous si la dernière goutte de fiel faisant ainsi déborder le vase, il est prêt à répondre au premier signal d'un Mazaniello quelconque qui lui criera :

Fuori i stranieri ! Fuori i ladroni!

Ce qui n'empêche pas les journaux vendus au gouvernement italien de parler de loin en loin de l'accueil enthousiaste fait par les Napolitains à Victor-Emmanuel ou à ses fils, quand ils se dirigent de ce côté ; mais par une mal-chance égale à leur maladresse, ils sont chaque fois obligés de se *retracter* par l'écho des protestations qui leur arrivent de toutes parts. Ainsi lors de la toute dernière visite de Victor-Emmanuel en février 1869, après avoir sonné les mêmes fanfares, ils ont été contraints d'avouer que l'accueil avait été des plus décourageants, et ils ont cherché à trouver à ce fait incontestable des circonstances atténuantes, en mettant le silence, l'éloignement marqué, les sombres regards et le reste au compte de M. Gualterio, intendant de la liste civile, lequel, disent les organes ministériels, a des titres tout particuliers à l'hostilité de la population, en raison des tristes souvenirs qu'il a laissés à Naples lors du séjour qu'il y fit comme préfet.—Mais ce stratagème n'a eu aucun succès. *Il popolo d'Italia*, organe de Mazzini, proteste contre cette supposition et déclare brutalement que *l'antipathie des Napolitains remonte plus haut.* Répondant au *Roma* qui affirmait que la présence de M. Gualterio souille l'atmosphère royale, il s'écrie : *Dire que l'atmosphère du roi est souillée parce que M. Gualterio la respire, c'est trop fort! M. Gualterio ne souille rien; et s'il y a quelqu'un de souillé, c'est lui-même.*

Comme si l'on craignait qu'il ne manquât un dernier coup de pied à cette pauvre monarchie italienne, les cornacs de Garibaldi lui font écrire dans sa dernière proclamation de janvier dernier que : Victor Emmanuel et tous ses ministres passés et présents, y compris même M. Ratazzi, sont tous *des traitres à la patrie* et que ce gouvernement ignoble est la *négation de Dieu.* Or qui est-ce qui a le plus travaillé à créer et à étendre ce gouvernement que MM. Mazzini et Garibaldi? Voilà une création nouvelle et précaire bien recommandée par ses propres auteurs. Est-il étonnant que les Napolitains tournent des regards de regrets, si ce n'est encore d'espoir, vers le dernier refuge de leur noble jeune reine, de François II leur roi malheureux, mais chevaleresque ! et qu'ils s'attendrissent parfois à la pensée de la misère et du dénuement de ces grandes infortunes, infortunes si peu méritées, si héroïquement supportées.

ROME.

Nous arrivons enfin à Rome. Recueillons-nous sur le parvis du temple. Qu'allons-nous y trouver?

Le cœur nous bat! Est-ce une tombe béante où va s'engloutir de nos jours le catholicisme expirant? Les lévites sont-ils gagnés pour sacrifier le grand prêtre Joad? Y a-t-il beaucoup de Judas pour livrer le successeur du Christ à ses ennemis? Au centre de cet univers où tout s'agite, où tout se transforme, où tout s'illumine de nouvelles lumières dues au progrès de la science moderne, n'y a-t-il plus ici qu'ignorance, impuissance, inertie, un *non possumus* intellectuel, un dernier phare religieux prêt à s'éteindre, déjà à moitié noyé et destiné à être emporté par la tempête?

Non, le phare est solide sur sa base inébranlable; il s'apprête à jeter des feux plus brillants que jamais! Non, ce n'est pas une tombe, mais un laboratoire. Les lévites sont à leur poste et les savants sont à leur travail. *Rerum magna parens*, la grande institutrice des nations est toujours à la tête des intelligences. Vous qui la calomniez, c'est que vous ne la connaissez pas. Allez à Rome avec un cœur sincère, et vous en reviendrez confus ou chrétiens!

Les limites restreintes de ce travail ne nous permettant pas d'embrasser toutes les questions, marchons droit à celles qui servent de point de départ aux attaques les plus persévérantes contre la papauté considérée sous ses deux aspects : contre la Rome temporelle et contre la Rome spirituelle, la Rome du Pape roi et la Rome du monde catholique.

Comme souverain temporel, le Pape est-il un

tyran, un oppresseur, un fardeau, ou même un simple obstacle, un rouage malheureux qui arrête le mouvement et le progrès dans ses états?

Ses sujets aspirent-ils à un changement de régime, appellent-ils de leurs vœux le moment d'être délivrés de son gouvernement pour avoir la liberté de passer sous les paternelles lois du gouvernement Italien? Ont-ils plus d'impôts, plus de charges, plus de tracasseries, moins de sécurité, moins de bien-être matériel et moral que partout ailleurs? Et sous le rapport intellectuel, les écoles sont-elles moins nombreuses ou plus négligées, les études moins avancées, les sciences plus attardées à Rome que dans les autres capitales du monde civilisé?

Sur le premier point, je m'adresse au premier Romain venu (en tête à tête bien entendu, sans cela point de réponse), et en supposant qu'il n'ait encore rien eu à démêler avec la police correctionnelle, il me répondra en me montrant son livre de comptes : qu'il ne paye *pas un centime d'impôts* sur quelque matière et sous quelque prétexte que ce soit : ni impôt personnel, ni sur sa maison, ni sur son jardin, ni sur les portes et fenêtres, ni sur l'air qu'il respire, ni sur le pain qu'il mange. Il y a bien un octroi sur le vin, levé aux portes de la ville pour l'entretien des rues et des places publiques. Mais ce n'est pas le Romain qui le paye. L'*Eau de la fontaine de Trevi est si bonne* et le vin du pays si mauvais. Ce sont les étrangers qui se chargent de fournir à cette dépense publique en payant pour l'entrée de leur champagne, de leur bordeaux, de leur bourgogne, au détriment de leur propre santé. Le Romain est sobre et parfaitement heureux sur une dépense de 15 sous par jour, en dehors du prix de son logement; tout le surplus passe en agrément ou en luxe. Les vivres sont si bon marché, et 15 sous sont si facilement gagnés! trois jours de travail suffisent pour satisfaire aux besoins de la semaine, tout le reste du temps on peut faire *la festa.*

Mais dira-t-on, si le Pape ne lève point d'impôts, avec quoi paiera-t-il son armée et les grands travaux d'utilité publique qui n'ont jamais été plus nombreux, plus magnifiques, mieux étudiés et mieux exécutés qu'aujourd'hui? Ainsi non seulement il a réparé toutes les églises de Rome qui, sous ses derniers prédécesseurs avaient été fort négligées par suite des malheurs publics, mais il a fait des routes dans toutes les directions; et dans Rome même, la magnifique rampe qui conduit au Quirinal par le Monte-Cavallo et l'admirable voie qui monte à la fontaine Pauline par la colline de Montorio; et il a revêtu de marbres splendides une partie considérable des piliers de Saint-Pierre du Vatican; enfin il a rebâti au prix de bien des millions la célèbre basilique de Saint-Paul hors des murs, qui est aujourd'hui plus grandiose, plus étonnante qu'avant le malheureux incendie qui l'avait détruite il y a quarante ans.

Toutes ces œuvres qui marquent la place de Pie IX parmi les plus grands pontifes qui aient jamais porté la tiare, sont le fruit d'un long règne pendant lequel il a vécu sur le trône comme un anachorète, bornant toute sa dépense personnelle *à moins de cinq francs par jour* et réduisant sa maison au plus strict nécessaire.

C'est aussi la conséquence de la sympathie et de la vénération qu'il est parvenu à inspirer dans le monde entier, même aux chefs des religions les plus opposées à la sienne. C'est à tel point que tous les magnifiques blocs de malachite qui décorent une foule d'églises, lui viennent de Sa Majesté l'empereur de toutes les Russies, chef de la religion grecque ; et que les immenses et précieuses colonnes de Saint-Paul, hors les murs, sont des offrandes du Sultan et du Pacha d'Egypte.

Enfin tant qu'on ne l'avait pas dépouillé des provinces les plus riches de ses états, la Romagne et l'Ombrie, le revenu des biens domaniaux avec l'appoint du denier de Saint-Pierre avait suffi à tout. Maintenant que cette principale source a été tarie, il y a déficit annuel d'environ douze millions. Mais Pie IX ne peut pas encore se résoudre à taxer ses sujets, et il espère toujours qu'un jour de justice arrivera, qui le sauvera de cette cruelle nécessité. En attendant il a jeté dans le gouffre du déficit toute sa fortune personnelle, et quant aux membres de sa famille, il ne leur a jamais donné un centime. Les Mastaï sont d'autant plus respectés que personne n'ignore à Rome, que quand cessera le pontificat de Pie IX, ils seront plus pauvres qu'ils n'étaient auparavant.

Quant à l'impôt du sang résultant de la conscription, on ne l'a jamais demandé au romain; et cependant s'il a le goût de l'uniforme, il peut entrer, s'il est riche, dans la garde noble, (ainsi nommée par une vieille tradition, car il n'est nullement besoin de faire preuve de noblesse pour y entrer), et s'il est pauvre, dans le corps des hallebardiers; ou dans celui de la gendarmerie pontificale, très-bien payée, parfaitement composée et très-considérée pour sa bonne conduite et sa bravoure.

Mais le goût du Romain se tourne de préférence vers toutes les industries qui se rattachent aux beaux-arts: peinture, sculpture sur pierre ou sur bois, dorure, mosaïque. Il en trouve l'emploi sous une monarchie théocratique. La population romaine vit surtout des profits qu'elle retire de l'entretien des églises, des sanctuaires, des musées; et du séjour des étrangers attirés par les pompes extraordinaires du culte. Notez que ce culte se suffit encore à lui-même moyennant les fondations, rentes ou propriétés, qui y sont depuis longtemps attachées pour chaque église, chapelle ou couvent. Il ne coûte pas un centime aux fidèles, qui n'ont pas même leur chaise à payer, quand il y a des chaises, ce qui n'est pas l'habitude à Rome. En supposant la déchéance, suivie nécessairement du départ de la papauté, car en restant elle semblerait accepter cette déchéance, les pompes du culte perdent aussitôt leur éclat, leur relief; les étrangers s'éloignent ; et comme cela est arrivé toutes les fois que pour une cause ou pour une autre la papauté a dû s'exiler de Rome, la population n'ayant plus de moyens d'existence, disparaît ou périt de misère. Lors des invasions des Barbares elle était tombée à 15,000 âmes; et lorsque les papes étaient à Avignon, et même sous le premier empire français elle était descendue à 30,000 au lieu de 200,000 qu'elle atteint aujourd'hui. Le gouvernement italien serait dans l'impossibilité de prévenir ce désastre, d'ailleurs il ne le tenterait même pas, et l'histoire plus ou moins prolongée de Rome par ce gouvernement peut s'écrire à l'avance : *confiscation immédiate des propriétés de tous les couvents et des fondations en rentes de toutes les églises*, comme on l'a vu à Florence et à Naples; vente à vil prix, afin d'en réaliser plus rapidement le produit, de toutes ces rentes et de toutes ces propriétés; le culte réduit, faute de ressources, à sa plus simple expression; les églises tombant en ruines l'une après l'autre; départ des pèlerins et des touristes étrangers, diminution rapide de la population et accroissement proportionnel de la *malaria* qui sévit toujours avec plus d'intensité dans les quartiers moins habités; jusqu'au jour où presque tous le quartiers, devenant inhabitables, il y aurait un nouveau déplacement, déplacement qui ne laisserait à Rome que des ruines.

L'homme du parti d'action, comme on l'appelle, c'est-à-dire de la révolution, ne s'arrêtera pas pour si peu. Il voit dans l'annexion projetée une razzia à faire qui lui permettra de jeter une centaine de millions *pris à Rome* dans le gouffre de la banqueroute italienne. Quant aux conséquences pour Rome, peu lui importe; mais le Romain naturellement n'est pas du même avis: « Guenille si l'on veut, ma guenille m'est chère. » Il proteste de toutes ses forces; et c'est ce qui explique la résistance prolongée de la population romaine lors de la dernière invasion garibaldienne qui a fini à Mentana. C'est cette résistance qui a tout sauvé, car l'intervention française, décisive au dernier moment, avait été trop tardive; les volontaires et la milice citoyenne, en se sacrifiant, lui ont donné le temps d'arriver (1).

(1) Les Napolitains comparent l'invasion de leur pays par les Italiens du Nord au fléau *des sauterelles* en Afrique. « Les Piémontais, disent-ils, sont venus et ils ont tout dévoré. » Les Romains ont profité de l'expérience et ils disent à leur tour, avec une conviction profonde: « Sauvez-nous, mon Dieu, des sauterelles piémontaises. » C'est ce qui explique cette épigramme en apparence peu généreuse que MM. Acerbi, Crispi et compagnie ont tant reprochée aux canonniers romains de l'armée pontificale qui, voyant défiler les prisonniers garibaldiens repartant pour Florence après Mentana, leur renvoyaient comme dernier projectile leur fameux cri de guerre: « Roma o morte. » Cela voulait dire: Vous n'êtes pas morts, tant mieux; mais, Dieu merci, vous n'aurez pas Rome!

Eh bien! alors, disais-je à mon interlocuteur, il s'ensuit que si l'on soumettait au suffrage universel la question de prononcer si les États Romains doivent appartenir désormais au pape ou à Victor-Emmanuel, tout le monde voterait pour le pape?

Oui, et non, me répondit-il, cela dépendrait absolument de la manière dont on prendrait les votes. Au scrutin secret il y aurait certainement unanimité pour le pape; mais s'il fallait voter par assis ou levé et par appel nominal devant un public nombreux, vous auriez non moins certainement une forte majorité pour Victor-Emmanuel, parce que le Romain a une terreur profonde de la puissance occulte des sociétés secrètes; et l'idée que son vote *connu* le désignerait à la vengeance d'un assassin secret qui l'attendrait dans l'ombre, sur le seuil de sa maison, le glacera d'effroi et lui fera faire toutes les lâchetés possibles. Après tout, soyons justes, nous en parlons bien à notre aise parce que nous appartenons à un pays où l'assassinat n'est ni dans les traditions ni dans les mœurs. Serions-nous aussi stoïques dans les conditions où se trouve le Romain?

Mais voici venir une autre objection, la sécurité est un des premiers besoins de l'existence d'une société; et la sécurité fait donc défaut sous le gouvernement trop paternel du Saint-Père? Je vous répondrai sans hésitation, ayant vu les choses de mes propres yeux et ayant consulté la statistique criminelle depuis des années. Il y a plus de sécurité dans les États romains que dans aucune des possessions du gouvernement italien; j'ai pu comparer même l'inoffensive Florence avec Rome de jour comme de nuit, et l'avantage, au point de vue de l'ordre, du calme, d'une police parfaitement organisée, est en faveur de Rome.

Il y a bien encore quelques bandits dans la campagne, du côté de Velletri, où la population est très-misérable, mais quel est le coin de l'Italie où il n'y en a pas. Essayez donc de sortir de Naples pendant la nuit, ou bien d'aller en plein jour, sans une escorte bien armée, du côté de Poestum; allez même en Vetturino, de la Spezzia à Chiavari, sans suivre pas à pas la diligence, et vous pourrez y laisser votre bourse ou vos oreilles. Tout le monde sait ce qui est arrivé l'année dernière à un Anglais, M. Mœns, qui, enlevé par des bandits dans une excursion qu'il faisait aux ruines de Poestum, ne put obtenir sa liberté, après trois mois de captivité, que par le payement d'une rançon de 100,000 fr., sans laquelle il eût été impitoyablement massacré. Et cette année encore il m'a été impossible d'aller à Pœstum, à défaut d'une escorte qu'il était trop difficile d'obtenir.

En parlant de la sécurité des États romains, il nous est impossible de ne pas dire quelques mots de ces généreuses légions de volontaires, à qui non-seulement les Romains, mais la catholicité tout entière, qui n'y est pas moins intéressée, en sont redevables. Il y a : 1° la légion suisse, colonel de Sonnenberg; 2° la légion française ou d'Antibes, colonel d'Argy; 3° et enfin, les zouaves pontificaux, commandés par MM. Allez et de Charette.

La première est magnifique sous le rapport de la taille et de la beauté physique, et aussi de la bonne conduite du soldat.

La seconde, hélas ! laisse beaucoup à désirer sous ce dernier rapport. Le personnel des officiers est excellent, mais le recrutement de la troupe est déplorable : les régiments français y écoulent le plus souvent les sujets qui leur font le moins d'honneur.

Quant aux zouaves, c'est l'élite de la jeunesse catholique dans le monde entier. Ils comptaient un effectif, au moment de mon séjour à Rome, d'environ 3,500 hommes, dont 1,200 hollandais, 800 français ou belges, 400 canadiens, recrutés dans nos anciennes colonies françaises de Québec et de Montréal, enfin des spécimens de presque toutes les nationalités où le christianisme a pénétré, des Italiens, des Anglais, des Écossais, des Prussiens, des Russes et jusqu'à des Australiens.

Parmi ces mercenaires, suivant l'expression adoptée par les journaux de la magnanime Italie ; parmi ces mercenaires, dont chaque compagnie possède parmi ses simples soldats au moins une douzaine de millionnaires qui ont tout quitté : famille, carrière, patrie, pour se dévouer à leur conviction religieuse, nous devons reconnaître que l'on cite en première ligne la jeunesse canadienne. Elle appartient presque sans exception aux classes les plus élevées de la société, au moins sous le rapport de la fortune, de l'éducation, de l'instruction, surtout de la distinction dans les manières. Leur piété est exemplaire. La régularité de leur conduite, la pureté de leurs mœurs, mériteraient qu'on leur donnât le nom de *saints du Canada*, comme on appelait en Vendée MM. de Lescure et Cathelineau, *le saint d'Anjou* et *le saint du Poitou*.

Les Français sont plus légers, plus étourdis, plus inégaux dans leurs allures, édifiants aujourd'hui, tapageurs demain; mais, au jour de la bataille, ou bien en présence de ces cruelles fièvres de Rome qui en moissonnent chaque année un si grand nombre, reparaissant, quelle que soit leur origine, nobles, bourgeois ou paysans, comme les vrais fils des croisés.

Entrez dans une des trois cents églises de Rome pendant un office quelconque, à quelque heure que ce soit, et toujours vous y trouverez, soit au confessionnal, soit à la table sainte, soit agenouillés, en prières ou livrés à une méditation profonde, des zouaves, toujours des zouaves.

Ce sont les enfants chéris de Pie IX; son œil les cherche dans la foule et sa bénédiction va au-devant de leur uniforme.

Hélas! il leur doit bien cela, car ce sont eux qui ont payé le plus lourd tribut à la mort pour la défense de sa cause.

Nos dernières lettres de Rome annoncent la fin de la grande retraite pascale prêchée en toutes les langues aux zouaves pontificaux. Les défenseurs du Saint-Siége qui s'étaient séparés pour entendre la parole de Dieu, chacun dans sa langue maternelle, se sont réunis pour recevoir ensemble la communion. Deux mille hommes étaient là, silencieux et recueillis, car la moitié du régiment tient garnison dans les provinces.

Le cardinal Barnabo disait la messe. Au moment de la communion, chacun a quitté ses armes, en commençant par les officiers qui se sont avancés les premiers à la table sainte. Le cardinal était assisté par le vénérable évêque canadien de Montréal. Pendant une heure entière, on a vu défiler successivement, dans l'ordre le plus parfait, les pieux guerriers qui venaient de recevoir le pain des forts. On ne saurait se figurer l'émotion de ceux qui assistaient à ce grand spectacle. Ils en étaient touchés jusqu'aux larmes. En effet, on voyait là les représentants du monde entier, venus des quatre coins de l'univers catholique pour témoigner de leur foi, et pour offrir leur vie à la sainte Église. Mgr Daniel et les autres aumôniers qui dirigeaient la cérémonie étaient tout rayonnants d'un bonheur facile à comprendre.

Le soir, à quatre heures, toute cette pieuse assistance remplissait de nouveau l'église Saint-Jean des Florentins. Le prédicateur hollandais prit le premier la parole, puis ce fut le tour d'un dominicain français, le père Doussot. Il adressa à cette grande assemblée des paroles dignes de couronner la retraite qu'il avait prêché. « Ah! Messieurs! dit-il en terminant, quand on vous voit à l'autel, on n'est point étonné de ce que vous êtes sur le champ de bataille; le Seigneur est avec vous; qu'il y soit toujours dans les combats que vous aurez encore à livrer : *Si Deus pro nobis, quis contra nos?* » La cérémonie se termina par la bénédiction du Saint-Sacrement que le cardinal français Pitra avait voulu donner lui-même. Le corps d'officiers alla le remercier à la sacristie ainsi que les prédicateurs de la retraite, et l'on se sépara plein de joie et de confiance dans l'avenir.

Nous espérons que pour leur instruction quelques Garibaldiens seront venus assister à ce grand spectacle, et qu'ils auront pu en envoyer le récit à Florence. Ils auront trouvé là le secret de la bravoure qu'ils ont rencontrée à Bagnorea, à Monte-Libretti et à Mentana; et ils auront pu se dire que si le nombre des défenseurs du pape a triplé, les plus jeunes brûlent de se montrer dignes de leurs devanciers.

Une retraite particulière avait été prêchée aux zouaves canadiens, par l'évêque de Montréal, à l'église de Sainte-Brigitte. Mgr Bourget avait des choses toutes spéciales à dire à ses compatriotes, presque tous ses diocésains, qu'il connaissait, qu'il avait bénis à leur départ, et auxquels il avait remis ce drapeau dont on connaît la fière devise: « Aime Dieu et va ton chemin. » Il leur apportait des nouvelles du pays natal, des nouvelles de leurs familles qu'il avait presque toutes vues avant son départ. On se figure aisément combien les entretiens furent doux et intimes. « Quand vous êtes de service, dit-il, pensez que vous veillez à la garde des tombeaux des saints apôtres, des reliques de plusieurs milliers de martyrs. Ils ont arrosé de leur sang cette terre qui nous porte et que nous sommes à peine dignes de toucher tant elle est sainte. Dites-vous aussi que vous voudriez verser jusqu'à la dernière goutte de votre sang pour la belle cause que vous êtes venus défendre ici. Dans vos moments libres, étudiez les monuments sacrés, visitez les tombeaux des saints, priez la Vierge immaculée, Notre-Dame des Guerriers, demandez-lui le succès de vos armes et priez aussi pour nous, pour vos familles et pour le bonheur de votre patrie. Le Canada, a-t-il souvent répété, compte que vous ferez votre devoir. »

En voyant ceux qui l'écoutaient, il n'était pas permis d'en douter.

Passons maintenant à une des accusations le plus souvent formulées contre la puissance temporelle du Pape. — Le Pape, par l'immuabilité de ses principes et de ses idées, est nécessairement un obstacle à tout progrès matériel et intellectuel : il ne peut accepter ni amélioration, ni changement, ni réforme. Cette accusation est-elle fondée?

Commençons par le point de vue matériel : veut-on savoir lequel est le plus novateur du pape ou de son peuple dans les plus petites comme dans les plus grandes choses. Il nous suffira de quelques exemples pour donner à cet égard une démonstration irrécusable. S'agit-il d'assainir et d'embellir la ville et la campagne de Rome? Toutes les questions qui se rattachent à l'administration municipale : voirie, éclairage, égouts, entretien et distribution des eaux, ornementation des places et des édifices publics..... sont laissées à la décision du Sénat romain, nom grandiose, consacré par la tradition, mais qui signifie tout bonnement conseil municipal. Ce conseil, dont chaque membre a l'avantage de pouvoir se promener gratis, aux frais de la ville, en magnifique carrosse doré et armorié comme les voitures de Louis IV et avec cette devise : S. P. Q. R. (initiales de *Senatus populusque Romanus*), est nommé par le suffrage universel direct. Il est choisi presque exclusivement dans la moyenne bourgeoisie, et ne compte parmi ses membres qu'un seul noble qui est, si je ne me trompe, un prince Orsini. Ce Sénat, disposant des fonds de la caisse municipale, est en réalité la suprême autorité pour tous les travaux à exécuter. Le pape ne se réserve que le droit d'émettre son avis et de contribuer de ses deniers dans une certaine mesure en proportion avec ses ressources, si l'avis qui finit par prévaloir est en harmonie avec ses désirs. — Eh bien ! pour toutes les améliorations qui se sont produites sous son règne, il a dû en prendre invariablement l'initiative, il a eu le plus souvent à lutter pour les faire prévaloir; et quelquefois ne pouvant obtenir le concours qu'il désirait, il a dû se décider à les réaliser à ses propres frais.

Dépourvu le plus souvent des ressources nécessaires, il a dû recourir à la bourse, aussi bien qu'aux conseils de son ami le plus dévoué, du novateur le plus ardent et le plus intelligent parmi les prélats de son entourage. Nous voulons parler de monseigneur de Mérode que Pie IX est obligé de sacrifier souvent, ou du moins de laisser à l'écart, comme une locomotive trop puissante pour une administration dont les ressorts sont brisés par les secousses de ces dernières années, mais qu'il retrouve toujours, à l'heure du danger ou à l'heure du besoin dans les crises politiques ou financières.

1° Près des thermes de Dioclétien, à partir de la place de *Termini*, là où est établie la grande station centrale des chemins de fer romains, se trouvait le quartier le plus malsain de Rome, fermé de murs qui interceptaient toutes les communications, et où les détritus de toute nature s'étaient accumulés pendant des siècles en produisant un véritable foyer d'infection. Il s'agissait de faire pénétrer dans ce dédale l'air et la lumière, d'en enlever une couche végétale de plusieurs mètres d'épaisseur, d'y ouvrir des routes qui permissent la circulation entre le chemin de fer et les quartiers les plus populeux et les plus commerçants de Rome. Cela demandait l'acquisition de terrains considérables, vendus il est vrai à très-bon marché ; et puis de grands travaux entraînant une assez forte dépense ; le Sénat ne pouvait ou ne voulait pas la faire, le pape était à bout de ressources. — Mgr de Mérode s'offrit, comme toujours, et le pape s'empressa d'accepter son intervention. Tout ce quartier a été acheté par Mgr de Mérode pour son propre compte. Il y a percé à ses frais toutes les routes désirables, enlevé les détritus malsains, encouragé la construction de nouvelles maisons, en commençant par une caserne grandiose dont le pape a pu fournir les fonds, et un cercle avec les installations les plus heureuses pour les officiers de la légion. Tout ce quartier se transforme comme par magie. De vastes greniers d'abondance qui occupaient une partie de cet emplacement, devenus inutiles par suite de la liberté du commerce, ont été convertis en une maison de refuge pour l'un et l'autre sexe ; en une maison des apprentis où on leur fait exercer différentes industries et différents métiers ; enfin un hospice pour les sourds et muets des deux sexes qui y reçoivent une excellente instruction selon les procédés les plus perfectionnés dans les établissements les plus célèbres de ce genre en Europe.

S'agit-il de peupler et d'assainir en la cultivant cette triste campagne romaine qui s'étend depuis les montagnes d'Albe et les sommets de la Sabine jusqu'à perte de vue avec l'égalité de niveau et l'immensité de l'océan, c'est encore au pape, à Pie IX, et presque toujours à lui seul, que l'on doit les efforts qui ont été faits jusqu'à présent pour rappeler à la surface la vie qui s'est enfouie pendant des siècles sous ce sol prodigieux creusé des mille réseaux de catacombes. Ce sont des fermes et des vignes modèles dont la plus complète et la plus utile, sous le nom de *Vinea Pia*, a été fondée, construite, inaugurée par le Saint-Père, au milieu des angoisses de ces dernières années, avec une persévérance, une prévoyance, une étude approfondie dont rien n'a pu le distraire. C'est un institut agricole de premier ordre où l'instruction la plus complète est donnée à huit cents jeunes gens pris dans la classe pauvre ou parmi les orphelins abandonnés.

Autre exemple : lorsqu'on quitte Rome par la porte d'Ostie qui prend aujourd'hui le nom de porte Saint-Paul, si on s'avance dans la campagne à environ un mille au delà de la fameuse basilique où elle conduit, on arrive dans un affreux désert où le chemin effondré se resserre et serpente entre de petites collines pelées. L'on n'aperçoit plus ni une habitation, ni un arbre; et de loin en loin quelques chèvres sembleraient sans gardien, si l'on n'entendait parfois un sifflet aigu qui produit une surprise mêlée d'effroi dans ces lieux sauvages jouissant d'une assez mauvaise réputation. Dans les étroites vallées qui longent cette route, le sol partout défoncé présente, après un jour de pluie, comme une espèce d'échiquier, de petites flaques d'eau croupissante qui indiquent qu'il a été fouillé pour en tirer de la pouzzolane. Tout cela est fort triste, et la course paraît interminable quand on aperçoit tout à coup au détour du chemin trois églises tout près l'une de l'autre et qui semblent ne pas avoir de raison d'être au milieu d'une affreuse solitude. Elles furent élevées par les anciens chrétiens dans cet endroit appelé *ad aquas Salvias* : l'une est consacrée à la vierge, la seconde aux saints Vincent et Anastase ; la troisième et la plus importante à l'apôtre saint Paul. Cette dernière est bâtie sur le lieu même où il fut décapité, et où, selon la légende, trois sources d'eau ont jailli et n'ont cessé de couler dans l'endroit des trois bonds que fit la tête du saint apôtre, en tombant sur le sol. Tout le voisinage, à plusieurs kilomètres à la ronde, est infecté par la malaria, à tel point que le couvent attenant à cette église a été abandonné depuis le temps de saint Bernard, et que le sanctuaire n'était ouvert à la piété des fidèles que pendant les six mois de l'année où l'on pouvait s'en approcher sans danger.

Mais cet abandon a eu pour effet, comme cela arrive toujours, de donner une intensité toujours croissante à ce foyer d'infection dont le vent porte jusqu'à Rome les miasmes chargés de typhus. Pie IX n'a pas hésité à combattre le dragon dans son antre. Il a appelé à lui le dévoûment des trappistes français et canadiens, sous la conduite du père Régis qui a fondé en Afrique le couvent de Notre-Dame de Staoueli, et d'un moine canadien qui a lutté de même contre les miasmes pestilentiels des marais du nouveau monde. Tous deux sont accourus, et depuis six mois ils ont mis la main à l'œuvre. Les ressources pécuniaires manquaient. Pie IX s'est tourné vers Mgr de Mérode, qui s'est fait le caissier, le bailleur de fonds de cette colonisation aventureuse. Maintenant que l'ancien ministre des armes s'est chargé de l'entreprise, on peut être sûr qu'il la poursuivra avec son ardeur, sa ténacité habituelle, jusqu'à ce qu'il l'ait menée à bonne fin, quand il faudrait y dépenser son dernier centime et y sacrifier tout un holocauste de martyrs de la charité. Plusieurs trappistes français ont déjà succombé dans leur noble tâche, mais d'autres se présentent en foule pour les remplacer.

S'il est des causes pour lesquelles Pie IX n'hésite pas à jeter en pâture au terrible climat de Rome sa vie et celle de ses prêtres séculiers et réguliers, aucun pape, aucun gouvernement n'a organisé des moyens plus efficaces, n'a préparé plus de ressources, pour préserver et guérir ses sujets des souffrances qui affligent l'humanité. Il n'y a pas une ville dans le monde où les hôpitaux soient plus nombreux, mieux installés, avec une direction plus prévoyante, plus habile, un personnel plus multiple de médecins et de chirurgiens, des soins plus dévoués au point de vue des infirmiers et des infirmières.

Il nous suffira de citer comme exemple le célèbre hôpital du Saint-Esprit, dans la rue de Borgo san Spirito. Toutes les améliorations qui en font l'établissement modèle par excellence, tenu toujours au niveau de tous les perfectionnements modernes, sont dues à la libéralité de Pie IX, qui les ordonne, qui les fait exécuter à ses propres frais. Cet hôpital, le plus vaste de tous ceux qui sont à Rome, destiné plus spécialement aux fiévreux, quel que soit leur âge, leur pays, leur état ou leur religion, contient douze salles, dont la plus grande a 376 pieds de longueur, sur 44 de hauteur et 37 de largeur, pouvant contenir trois rangs de lits de chaque côté. Dans ces salles, les malades sont distribués selon leur genre de maladie : les fièvres, le scorbut, les maladies chroniques, les affections de poitrine. L'hopital du Saint-Esprit est desservi par quatre médecins en chef et deux chirurgiens : chaque médecin a un aide, et chaque chirurgien un substitut, qui *demeurent dans l'établissement*, de sorte que les secours sont toujours instantanés. Les soins sont donnés par les sœurs de la charité ; mais il y a aussi des infirmiers et autres assistants dont le nombre varie selon le nombre des malades, mais qui n'est jamais au-dessous de 150 individus permanents. Le nombre des lits est de 1,600, et le chiffre moyen des malades est annuellement d'environ 12,000.

Cet hôpital contient aussi une école de médecine clinique fondée par Pie VII, à laquelle sont affectées deux salles : l'une de douze lits, destinée aux hommes; l'autre de six, aux femmes. Les malades de ces deux salles sont sous les soins alternatifs annuels de deux professeurs attachés à l'Université; ils instruisent aussi les élèves qui ont subi leurs examens et reçu leur inscription. Les femmes sont soignées par deux servantes, et les hommes par quatre étudiants en médecine, internes, qui exercent leurs fonctions à tour de rôle, et qui notent le caractère et la marche de chaque maladie.

Cet hôpital possède encore un théâtre anatomique, une magnifique salle de dissection, une riche collection d'instruments de chirurgie, une considérable pharmacie, et une vaste bibliothèque de médecine dite *Lancisiana*, de ce qu'elle appartenait au célèbre médecin Jean-Marie Lancisi.

A cet hôpital sont annexés deux autres grands établissements placés sous la même administration.

Le premier, qui remonte à la fondation de l'hôpital, est destiné aux enfants trouvés qui sont nourris dans l'établissement jusqu'au jour où on peut les envoyer en ville, soit chez les particuliers, soit dans les maisons des apprentis, ou bien dans les instituts agricoles fondés dans les environs de Rome. Leur nombre annuel est de 800. — Le second établissement est destiné aux aliénés des deux sexes. Avant de le fonder de ses propres deniers, Pie IX a commencé par envoyer des hommes spéciaux dans toutes les contrées où les soins à donner aux désordres de l'intelligence ont été l'objet des études les plus approfondies. Des juges experts et consciencieux ont comparé les diverses méthodes et l'on a adopté ce qu'il y avait de mieux, sans s'inquiéter de la dépense, de sorte que cet établissement est plutôt un palais qu'un hospice. C'est une des plus belles créations de Pie IX.

Pour passer à des détails de moindre importance : quand, il y a de cela quelques mois, on a baissé le niveau de la place Barberini, le désir de Pie IX eût été que l'on profitât de la circonstance pour convertir cet immense espace en un *square*, avec des plantations et des fleurs, suivant le goût moderne et selon l'usage qui se généralise dans toutes les villes un peu considérables, pour le plus grand plaisir des yeux et pour le plus grand avantage de la salubrité publique. Dans ce cas particulier, c'eût été presque une restauration allégorique si ce n'est historique, puisque cette place occupe une partie de l'emplacement du cirque de Flore. La belle fontaine du Bernin, formée de quatre dauphins qui, avec leurs queues soulevées en haut, soutiennent une grande coquille ouverte sur laquelle est un triton sonnant un buccin par où il jette l'eau à une grande hauteur, eût paru deux fois plus belle si elle s'était détachée sur des massifs de verdure et de fleurs. Tous les efforts de Pie IX pour obtenir cette amélioration ont échoué contre la résistance du Sénat et contre les objections des architectes de Rome, qui n'admettent pour la ville *monumentale* que des ornements de marbre et dédaignent les fragiles parures de la simple nature.

On m'assure cependant qu'il a été plus heureux en ce qui concerne la place Navone; et qu'après une longue résistance il vient enfin d'obtenir que le marché aux légumes qui la déshonore sera transporté ailleurs. On y permettra quelques arbres et on y verra d'autres échantillons de végétation que les masses de melons, de carottes et de brocoli qui sont entassés dans la boue. En parlant du déplacement de ce marché, je ne dois pas omettre un détail significatif qui répond à bien des préjugés au sujet du pape, considéré comme un obstacle au progrès matériel. Malgré l'étendue considérable de la ville de Rome, tant de monuments précieux, soit au point de vue de l'art, soit au point de vue des souvenirs, y sont accumulés à des distances si rapprochées les uns des autres, qu'il est fort difficile d'y créer, dans un quartier aussi ancien que la place Navone, une place nouvelle suffisante pour l'établissement d'un *marché couvert* tel que le désire le Saint-Père pour le mettre au niveau des améliorations du jour. On a reconnu que le seul moyen praticable d'obtenir l'espace nécessaire serait de raser un couvent dont les bâtiments et dépendances, occupant une superficie très-considérable, ne sont habités que par un très-petit nombre de religieuses d'un ordre qu'il est inutile de nommer. Le pape a fait plusieurs tentatives pour obtenir de ces dames leur déplacement amiable dans un autre couvent du même ordre; mais par l'exagération malheureuse de cet esprit de corps, que l'on retrouve dans un grand nombre de communautés, elles se sont refusées, jusque aujourd'hui, à toutes ses instances. — Ne voulant point user de rigueur, mais décidé à arriver à un résultat essentiel à l'intérêt général, Pie IX a pris une mesure qui, sans violence et sans scandale, atteindra son but. Usant de ses droits hiérarchiques, il a interdit tout recrutement (par des admissions nouvelles) de cette branche de la communauté, qui est maintenant réduite à six religieuses très-âgées. Quand la dernière d'entre elles aura fermé les yeux, ou bien aura consenti à rejoindre ses sœurs dans un autre établissement du même ordre, le couvent abandonné, devenant la propriété du Saint-Père, sera rasé, et un marché couvert, dans toutes les conditions convenables, s'élèvera sur le même emplacement. On voit donc que quand il s'agit réellement du bien public, le Saint-Père sait faire et sait exiger le sacrifice même des propriétés monacales.

Pendant que nous en sommes sur le chapitre des préjugés que l'on a injustement reprochés au Saint-Père, nous répondrons à l'un de ses principaux accusateurs, M. Edmond About, que, quant aux israélites, ils reconnaissent eux-mêmes que Pie IX ne peut guère, eu égard surtout à la nature exceptionnelle de son gouvernement, faire plus pour eux qu'il n'en a déjà fait. Leur condition à Rome aujourd'hui est meilleure que dans les deux tiers des cités les plus civilisées de l'Europe. Il les a affranchis d'une foule de servitudes humiliantes, il a rasé les murs qui les renfermaient dans le Ghetto. Ils sont libres de demeurer où ils veulent, sans être soumis à plus de surveillance que le reste des citoyens, s'ils n'ont pas personnellement démérité. Le pape les protége contre les vieilles rancunes populaires et leur laisse une complète liberté religieuse; enfin ils jouissent, au sein de leur communauté (*communità israelitica*) d'une compléte autonomie.

Ces réformes auraient été poussées encore plus loin sans les susceptibilités que les ennemis du Saint-Siége, avec un art infernal, ont cherché à exciter entre les Israélites et le gouvernement romain en envenimant l'affaire Mortara. Mais telles qu'elles sont, ces réformes éblouirent tellement les Juifs au début du pontificat de Pie IX, que le nouveau pape, chacun s'en souvient, fut traité de *Messie* dans certaines poésies hébraïques du Ghetto. Et même aujourd'hui, à l'occasion des fêtes du 11 avril, données pour célébrer le cinquantième anniversaire de l'ordination de Pie IX, on a vu les Juifs s'associer aux démonstrations et aux offrandes des Romains et des étrangers. Sur la proposition du grand rabbin du Ghetto, cinquante pièces d'étoffe, destinées aux pauvres chrétiens, ont été envoyées par les Israélites au Saint-Père, qui avait d'ailleurs traité leurs pauvres indistinctement comme ceux des paroisses catholiques.

Venons en maintenant au point de vue intellectuel et scientifique : le gouvernement pontifical est-il un obstacle au progrès des lumières? Redoute-t-il de voir s'élever le niveau de l'instruction publique? L'accusation d'ignorance, d'immobilité, d'obscurantisme, si souvent portée contre Rome par ceux qui n'y sont point allés, est-elle bien fondée? Les écoles, les colléges, les universités, les ressources qui favorisent le développement des hautes études y sont elles moins nombreuses, moins fortement et moins largement constituées qu'en France ou en Angleterre, par exemple?

D'abord, en ce qui concerne les humanités, je puis constater que les études grecques et latines y sont poussées à un degré de perfection précoce dont nous sommes bien loin d'approcher. Les jeunes gens des écoles et des séminaires romains, dès l'âge de seize ans, parlent couramment le latin, comprennent parfaitement le grec, et font dans ces deux langues des discours et des narrations qui étonneraient nos professeurs. — Quant aux langues vivantes, nous pourrions demander dans quelle autre ville du monde entier on trouverait un collége, ou même une académie disposant de plusieurs colléges, où le même sujet pourrait être traité simultanément et par continuation dans la même séance en trente langues différentes? C'est pourtant ce que l'on peut voir chaque année à Rome sans sortir d'un seul collége : celui de la Propagation de la foi. Nous avons assisté à la séance publique ; et bien que nous n'ayons pu suivre le discours qu'en cinq langues différentes, les seules que nous possédions, savoir : le latin, l'anglais, le français, l'italien et l'hindoustani, nous pouvons constater qu'au moins dans ces cinq langues tout était irréprochable, style et prononciation. On dira peut-être que ce n'est pas étonnant de la part des jeunes indigènes des pays lointains qui étaient ici représentés; mais nous répondrons qu'il en était de même pour les jeunes Européens qui se destinaient à suivre la carrière des missions dans ces mêmes contrées, ou qui, pour toute autre cause, s'étaient adonnés, sous des professeurs consommés, à l'étude de ces diverses langues. De plus, les élèves d'abord seuls, puis se réunissant par groupes de deux ou trois, chantaient avec une perfection rare des airs ou des chœurs nationaux de tous les pays de la terre dans les textes originaux. Nous nous rappelons notamment un vieil air hindou que nous avions entendu bien des années auparavant sur les bords du Godavery, et qui a été chanté cet hiver devant nous dans cette même séance par des élèves de nationalités diverses, de manière à nous amener les larmes aux yeux, en nous rappelant nos souvenirs de jeunesse. Quoi qu'il en soit, des élèves et des professeurs en trente langues différentes dans un seul collége, voilà ce qui ne s'est jamais vu qu'à Rome, et ce qui probablement ne se verra jamais.

Mais la connaissance des langues, tout importante qu'elle soit, n'est rien en comparaison des études historiques et archéologiques. Or nulle part ces études n'ont pris un développement plus prodigieux qu'à Rome, parceque nulle part les monuments anciens de tout genre, ces derniers témoins vivants des générations qui nous ont précédés, ne se présentent en plus grand nombre, soit qu'ils s'élèvent encore au soleil, soit qu'ils demeurent ensevelis depuis des siècles dans les ténèbres protectrices des vieux sols. Vous ne faites pas un pas dans ce pays privilégié sans rencontrer une mine de renseignements admirablement appropriés aux besoins et aux exigences de la science actuelle. « Dans ces inscriptions, dit M. le comte Desbassyns de Richemont (article du 1er janvier 1869 de la Revue des questions historiques), dans ces peintures, dans ces bas-reliefs, dans ces médailles, il n'y a à redouter ni interpolation, ni apologie, ni satire. Ce n'est en général ni la pensée exceptionnelle de quelques grands hommes, ni la relation calomnieuse de quelques détracteurs dont on recueille les échos; c'est la société antique qui vient raconter à la société moderne son histoire, lui confesser malgré elle ses vices, ou lui révéler en toute innocence ses vertus. »

De même que la richesse des quartz australiens attire les chercheurs d'or en Californie, de même l'abondance et la valeur des matériaux historiques que l'on découvre chaque jour à Rome y attirent les esprits les plus curieux de tous les pays, et font sortir des entrailles mêmes du sol les premiers archéologues du monde : les Visconti, les Rosa, et tant d'autres, et premiers entre tous ces deux illustres Romains le chevalier G. B. de Rossi, et son frère Michel de Rossi. L'archéologue, dit encore M. de Richemont, est à l'historien ce que le pionnier est à l'agriculteur : le premier découvre, le second recueille et tous deux ensemble dressent cette carte grandiose destinée à nous rendre les civilisations disparues. »

On nous dira peut-être que ces recherches, ces publications faites au centre et dans la capitale du monde chrétien ont surtout pour objet d'annoncer et d'illustrer, au fur et à mesure qu'elles se produisent, toutes les découvertes qui intéressent nos origines sacrées. C'est un fait incontestable; mais dans cette poussière des monuments pulvérisés de l'antiquité, pour arriver à reconnaître et à classer avec certitude une parcelle d'antiquité chrétienne il faut commencer par réunir et coordonner avec non moins de précision des centaines et des milliers de parcelles de l'antiquité païenne. Tout ce que l'on gagne au profit de la première ne s'obtient donc qu'avec un avantage encore bien plus considérable pour la seconde, et en écrivant l'histoire sacrée on refait ainsi l'histoire du monde.

Dans son magnifique travail de la Roma Sotteranea, grand in-4° de 568 pages avec atlas de LXII planches, publié par l'imprimerie chromolithografia pontificale, M. le chevalier G. B. Rossi s'élève graduellement du journal d'un *simple fossoyeur des catacombes* dans le cimetière de Saint-Calliste aux synthèses les plus grandioses de l'archéologue et de l'historien. A propos d'une simple figure de femme, figure héroïque entre toutes il est vrai, celle de Sainte-Cécile, épouse, vierge et martyre, qu'il replace au milieu du cercle historique où elle a vécu sans rien enlever à la délicieuse auréole dont est justement entourée sa mémoire, il retrouve toute une page d'antiquité païenne sous le règne collectif des empereurs Marc-Aurèle et Commode. Il ne cherchait qu'à éclairer quelques points obscurs de la vie et de la mort d'une vierge chrétienne, et le voilà en plein almanach de Gotha des familles appartenant pendant les deux premiers siècles à la plus haute aristocratie romaine chez lesquelles le christianisme a pénétré tout d'abord : les Cœcilii, les Æmilii, les Cornelii, les Metelli. Il a pris tant de plaisir à se trouver en si noble compagnie que pour pouvoir faire plus intime connaissance avec ces morts glorieux, il a affronté pour ainsi dire, suivant l'expression de M. de Richemont, les deux périls du désert : l'isolement et le sable. Lui et son frère, pendant vingt ans de travaux souterrains, ont plus d'une fois couru le risque d'être enterrés vivants sous des avalanches de tuf. Pour ne pas laisser se perdre sous les décombres une série de tombeaux, ils bravaient l'effondrement d'une voûte, et continuaient à copier les épitaphes ou à dessiner les fresques malgré la pluie de sable qui tombait déjà sur leur papier. « Quand on suit pas à pas les fatigues « et les efforts de ces courageux savants, sorte de « pionniers du vieux monde, on ne tarde pas à re- « connaître que la science aussi a son champ de « bataille. (1) »

Grâce à ces hardiesses persévérantes, on possède aujourd'hui avec une précision inespérée une carte œuvre de M. Michel de Rossi (2), où tout se distingue, les systèmes des galeries, les chambres de toute forme, les escaliers, les lucernaires, les cryptes les plus antiques, et les constructions les plus récentes, les monuments sépulcraux et les basiliques élevées au-dessus du sol, les hypogées païens et les aré-

(1) Comte Desbassyns de Richemont, le cimetière de Calliste devant l'histoire.

(2) Les belles études analytiques de M. Michel de Rossi, sur l'architecture et la géologie du cimetière de Calliste, forment un appendice considérable à la *Rome souterraine*. Il a inventé une machine fort ingénieuse, au moyen de laquelle il trace sous terre, avec une facilité étonnnante et avec une exactitude parfaite, des plans qui ont désespéré ses prédécesseurs.

naires voisins des cimetières chrétiens, enfin les différents étages de corridors reconnaissables à leur teinte grise, rouge ou verte.

Si en admirant l'étonnante complication de ce plan, on pense qu'on a sous les yeux une partie seulement de la nécropole appio-ardeatine, et qu'il y a, dans le rayon du *premier* au *troisième* mille autour de Rome, vingt-cinq autres grandes nécropoles, sans parler des hypogées encore inconnus qui s'y rattachent et qui restent à fouiller à l'ouest et au sud, et du grand cimetière de Balbine créé dans un fonds donné à l'église par Constantin, dont nous apercevons à peine sur la carte les premières cryptes, on demeure ébahi et presque effrayé devant l'œuvre entreprise. Mais Pie IX et ses vigoureux pionniers ne voient dans une pareille mine à exploiter que les trésors qu'elle promet et redoublent leurs généreux efforts; — et afin que tout le monde chrétien puisse sans le moindre délai profiter de chaque découverte nouvelle, un *bolletino di archeologia cristiana, del cavaliere de Rossi*, paraît de mois en mois, aux frais du souverain Pontife, et compte déjà six ans d'existence depuis l'année 1863 jusqu'aujourd'hui.

L'édition française de ce bulletin, traduit par M. l'abbé Martigny, auteur du *dictionnaire des antiquités* chrétiennes, s'imprime à Belley, département de l'Ain. Les matériaux qui s'y accumulent mois par mois sont un vrai trésor pour l'histoire du christianisme primitif et jettent une vive lumière sur une foule de questions vitales qui jamais, plus qu'à notre époque, n'eurent besoin d'appeler à elles tous les tributs d'une solide érudition. Aussi le bulletin archéologique, bien que consacré plus spécialement aux fouilles des catacombes de Rome, accepte-t-il les découvertes intéressant nos origines sacrées de quelque provenance quelles soient. L'archéologie a des démonstrations tellement positives, tellement matérielles, tellement palpables, qu'elle est appelée de nos jours à rendre au catholicisme attaqué précisément sous le côté matériel et positif les plus grands services. Elle fournit les armes nécessaires pour combattre efficacement les doctrines des athées, des hérétiques, et, sur des terrains divers, les tendances de certaines écoles contemporaines qui ne parlent guère de l'histoire que pour la nier, et dans leurs heures de plus expansive franchise vont jusqu'à faire des vœux pour en être débarassée. « On « ne se débarasse pas à son gré, dit encore M. de « Richemont, de l'importunité d'un monument; « rien n'est opiniâtre comme une pierre chargée « de caractères ou une sculpture que le sol vient « de vous rendre. » Aussi Pie IX consacre-t-il aux fouilles le peu de ressources qui lui restent dans la pénurie extrême où les spoliations dont il a été victime l'ont réduit.

Jamais pape, proportionnellement à ses moyens, n'a fait des efforts plus méritoires dans l'intérêt de la science, et il en a été récompensé par la grandeur des résultats. Il était réservé à son pontificat de retrouver, précisément dans ce cimetière de Saint-Calliste appartenant dans les Ier et IIe siècles à la famille Cœcilii, ce que l'on cherchait depuis si longtemps, la *crypte pontificale* qui avait été faite pour remplacer celle du Vatican, lorsque la persécution avait rendu nécessaire l'abandon de celle-ci : la crypte dans laquelle avait été enterrée presque toute la série des papes depuis Zéphirin en 218 jusqu'à Miltiade qui eut l'incomparable joie de saluer la paix définitive donnée à l'église par Constantin, et qui échangea contre le palais de Latran les abris précaires de ses prédécesseurs. Depuis bien des siècles, cette crypte non moins sainte que celle du Vatican, était enfouie sous une montagne de débris et de terres accumulées, lorsque les fouilles de 1854 la rendirent à la science, et permirent au pape Pie IX de venir le 11 mai contempler ce sanctuaire où avaient reposé dans l'obscurité et dans la gloire un si grand nombre de ses prédécesseurs martyrs.

« La crypte avait subi de terribles ravages. Cependant une base de marbre africain encore à sa place, des fûts de colonne brisés, des chapiteaux et des grillages de marbre, les fragments de trois enduits successifs chargés de peinture, montraient encore le respect et la splendeur qui avaient entouré cette chambre sacrée. La voûte était près de s'écrouler,

(1) *Roma Sotterranea*, de G. B. de Rossi.

les tombeaux étaient ouverts et les marbres en pièces ; mais la majesté de la sainteté et de la mort s'étendait sur ces ruines et animait ces débris. Le déblaiement des terres commença par le sommet de la crypte : c'était la région où la spoliation était la plus complète. Hélas! des explorateurs modernes y avaient achevé l'œuvre des Barbares. Heureusement, lorsqu'on arriva près du sol du *cubiculum*, les fouilles devinrent plus fécondes. Devant le grand tombeau qui occupait la paroi du fond, on mit à nu un gradin de marbre percé de quatre trous rectangulaires ou oblongs, dans lesquels venaient évidemment s'emboîter autant de petits pilastres supportant une table carrée et isolée, c'est-à-dire un autel destiné à célébrer les saints mystères, le visage tourné vers le peuple comme dans les basiliques. Enfin, quelques trouvailles d'un prix inestimable, quelques pierres plus précieuses que l'or et les pierreries, écrit l'auteur de la Revue souterraine, vinrent payer les peines du savant, et servir de contrôle à sa découverte. Ce fut d'abord une inscription fameuse du pape Damase, dont les ouvriers recueillirent cent vingt-cinq fragments, preuve frappante des dévastations étonnantes et parfois passionnées qu'ont subies ces pauvres monuments; ce furent enfin les épitaphes brisées, mais suffisamment claires pour écarter toute incertitude, de quatre pontifes du IIIe siècle. »

ΑΝΤΕΡΩϹ — ΦΑΒΙΑΝΟϹ — ΛΟΥΚΙϹ — ΕΥΤΥΧΙΑΝΟϹ

Les limites de ce travail ne nous permettent pas de nous étendre plus longtemps sur ces découvertes intéressantes que les amateurs d'archéologie pourront suivre avec autant de plaisir que de profit dans la *Roma Sotterranea*, et dans le *Bulletin archéologique* de M. le chevalier de Rossi. Nous en avons assez dit pour prouver avec quelle ardeur sont poursuivies, sous l'impulsion du gouvernement pontifical, les recherches sur les antiquités chrétiennes. Les antiquités païennes sont l'objet de fouilles aussi persévérantes et aussi productives, non-seulement à Rome sur vingt points à la fois, mais dans toute l'étendue du territoire pontifical partout où le moindre indice appelle l'attention; notamment dans l'ancien port d'Ostie, où sous l'habile direction du commandeur Visconti, on découvre chaque jour de nouveaux trésors. Déjà les galeries du Vatican présentent une collection de fresques, transportées sur toile, d'une perfection et d'une conservation étonnante qui rivalisent pour le dessin et les couleurs avec les fameuses Noces Aldobrandini; ainsi que des mosaïques de toute beauté provenant des ruines inhabitées et depuis longtemps oubliées de l'ancienne ville fondée par Ancus Martius, un peu au-dessous d'Ostie, à l'embouchure même du Tibre. Quelques jours avant notre départ de Rome on était occupé à encastrer, dans le pavé de l'église principale de Saint-Paul-aux-Trois-Fontaines, une grande et magnifique mosaïque représentant les quatre saisons, qui arrivait directement du lieu où elle avait été découverte à Ostie. Elle devait être suivie de trois autres; et voilà que depuis notre retour en France, nous apprenons la trouvaille la plus belle de toutes au point de vue artistique : celle d'une Vénus romaine en bronze de soixante centimètres de hauteur environ, qui est un petit chef-d'œuvre de sculpture. Les terrassiers occupés aux fouilles d'Ostie avaient donné à cette statuette au moment de son extraction, deux coups de pioche qui firent malheureusement deux trous, l'un au bras droit, l'autre à la jambe gauche. Mais Castellani, le Benvenuto Cellini de Rome, a bouché habilement ces trous; et la Vénus dont un Anglais enthousiaste a déjà offert 70,000 francs, a été posée ces jours derniers dans l'incomparable galerie où elle ne pouvait manquer de trouver sa place.

Nous ne parlerons que pour mémoire des fouilles conduites avec la plus grande activité à la *Marmorata*, antique entrepôt de marbres dont la première découverte remonte au XVIe siècle. Mais jusqu'au règne de Pie IX, et jusqu'aux savantes recherches du célèbre archéologue, M. Visconti, qui dirige aujourd'hui ces travaux, on ne se doutait pas de tous les avantages, matériels aussi bien que scientifiques, qu'il était possible d'en retirer. Ces fouilles ont jeté la lumière sur une foule de passages de Tite Live, et prouvé jusqu'à l'évidence que les *Navalia*, ancien arsenal maritime de Rome, tout près du lieu où abordaient les navires qui remontaient le Tibre et où les marchandises étaient déchargées, se trouvaient sur la rive gauche et non sur la rive droite du fleuve, comme l'ont prétendu certains écrivains modernes. Les voilà bien, comme l'assurait Tite-Live, hors de la porte Trigemina, c'est-à-dire au pied du mont Aventin, près des greniers à sel modernes. Les excavations qui se poursuivent, mettent en évidence l'un après l'autre tous les quais de débarquement, très-bien conservés, dont chacun est muni d'un grand bloc de travertin percé pour l'amarrage des navires. On a découvert aussi les passages conduisant des quais à l'intérieur de l'Emporium. En outre, au bas de la berge du fleuve se présente un large gradin solidement construit et parfaitement conservé sur une grande étendue.

Dans la première période des travaux de M. Visconti, on s'était contenté de diriger les fouilles le long de la berge du Tibre, sur la rive gauche, la Ripa græca, comme on l'appelait au moyen âge. C'était dans une vigne appartenant au prince Torlonia, dont le Saint-Père, faute de ressources suffisantes, n'a pu acheter jusqu'ici avec ses deniers qu'une lisière de 40 à 50 mètres de largeur, prise le long du fleuve et séparée du reste de la propriété par un mur que l'on construit en ce moment et qui sera plus tard un embarras et un obstacle. Mais cet étroit espace a suffi pour mettre à découvert, dès les premiers jours, 120 grands blocs de marbre africain,

6

caristien, milésien et de Porta-Santa, 500 fragments de jaune antique et de serpentin, et quantité de morceaux de rouge antique, d'albâtres, de brèches, de vert antique. Au fur et à mesure de l'enlèvement de ces premières trouvailles qui ont déjà servi aux réparations de presques toutes les églises de Rome, ce dépôt a révélé de nouvelles richesses, et aujourd'hui il semble inépuisable. Les blocs sont plus grands, d'espèces plus précieuses, quelques-uns tout taillés, avec la date de leur expédition ou le nom de leur expéditeur, entre autres une colonne d'un mètre et demi de diamètre sur vingt mètres de longueur. On voit que c'est un dépôt général des marbres envoyés à Rome de toutes les régions, même les plus éloignées, de l'empire. L'explication de ce phénomène est toute simple : il y avait une loi fiscale qui exigeait de tout navire de commerce partant pour un voyage au long cours de ne rapporter, en guise de lest à son retour à Rome, que des marbres précieux, dont les blocs préparés à l'avance se trouvaient disposés dans tous les ports de l'Afrique et de l'Asie par suite de la consigne générale donnée à cet effet à tous les commandants des provinces. Lorsque vinrent les temps de la décadence, cette loi qui n'avait pas été rapportée, continua à avoir son effet; mais les empereurs n'avaient plus le loisir ou le goût d'employer ces marbres en constructions monumentales; et les blocs continuaient à s'amonceler le long des quais, et plus tard, par suite de l'encombrement, plus bas sur la rive en descendant toujours le cours du fleuve. Le commandeur Visconti est convaincu qu'on en trouvera au moins jusqu'à la limite de *Saint-Paul hors des murs*, et peut-être même jusqu'à Ostie. Au moment de notre départ, indépendamment de plus de 600 morceaux déjà enlevés, on constatait la présence d'au moins 1,100 blocs plus ou moins dégagés du limon qui les recouvre. C'est plus qu'il n'en faut pour parer toutes les églises de Rome. La qualité de marbre dominante est celle qui provenait des carrières de Caryste en Eubée et que les Italiens nomment *cippolino*. En seconde ligne vient le beau marbre numidique. Enfin on commence à retirer en quantités considérables de la *murrhe*, de l'*albâtre onglé* (le plus beau des albâtres), et un morceau jusqu'alors unique de jaspe oriental jaune et noir.

Comment l'existence de tous ces marbres qui représentent, même aujourd'hui, une valeur de plusieurs millions, est-elle restée inconnue jusqu'au règne de Pie IX? On l'explique de la manière suivante : Lors de l'invasion des barbares, la population de Rome était descendue à un chiffre qui, pendant quelque temps, ne s'élevait pas à plus de dix mille âmes habitant des quartiers assez éloignés de la marmorata; et pendant ce même temps se succédèrent plusieurs inondations du Tibre, dont les eaux s'élevant à une hauteur considérable, déposèrent sur les berges des masses de limon qui ont recouvert tous les marbres que l'on retrouve aujourd'hui. Peu a peu l'existence de ces marbres devenus inutiles a été oubliée, et il n'en est resté qu'une tradition vague avec ce nom de *marmorata* qui désignait le point où on les avait primitivement débarqués. Quoi qu'il en soit c'est à Pie IX que l'on doit leur résurrection.

L'exemple donné par le pontife est suivi par les hommes éminents qui l'entourent : chacun veut attacher son nom à quelque restauration. C'est ainsi que l'on doit au chevalier Guidi, inspecteur honoraire des monuments antiques de Rome, la découverte de quelques maisons de l'ancienne ville qui reparaissent au jour dans des conditions analogues à celles des maisons de Pompéï, avec cette différence qu'au lieu d'avoir été englouties par une éruption, elles ont été enfouies sous les remblais qui avaient été jugé nécessaires à la construction des thermes de Caracalla. Par un grand bonheur le terrain où se trouvent ces restes précieux est précisément une vigne qui appartient au chevalier Guidi lui-même.

Sachant que ces lieux avant d'être occupés par les thermes de Caracalla, l'étaient par les fameux jardins de Caius Asinius Pollion, célèbre orateur romain qui vécut sous le règne d'Auguste, le chevalier Guidi résolut en 1865, d'entreprendre des fouilles dans la vigne en question. Son opinion était qu'il rendrait probablement à la lumière quelque monument des jardins d'Asinius, ou des thermes de

Caracalla. Et en effet, il ne s'était point trompé dans ses conjectures, car après avoir tâté le terrain çà et là, il eut la satisfaction à la fin de 1866, d'en voir les premiers résultats, ayant commencé à découvrir les restes d'un bel édifice. En fouillant encore, on arriva au plan du bâtiment, qui se trouve environ 3 mètres plus bas que celui des thermes, et à la profondeur considérable de 9 mètres au-dessous du sol.

Ces restes se trouvant donc à un niveau si inférieur à celui des thermes, il est évident qu'ils appartiennent à un des bâtiments des jardins d'Asinius, puisque, lorsque Caracalla étendit ses thermes jusque sur ces jardins, en abattant les magnifiques édifices dont ils étaient décorés, il s'ensuivit une élévation du sol; et comme il eût été inutile de démolir les édifices de fond en comble, on les rasa jusqu'au nouveau niveau, en comblant leurs ruines avec les matériaux de démolition. C'est pourquoi toutes les chambres et autres parties découvertes jusqu'ici de ce très-ancien bâtiment sont remplies de ces décombres, parmi lesquels se trouvent les débris des stucs délicats qui en ornaient les parois et les voûtes. Malheureusement on a pratiqué de grandes ouvertures dans ces voûtes pour combler plus aisément les ruines dont nous parlons. Au-dessus de ces voûtes on remarque les restes de quelques pavés en mosaïque appartenant à l'étage supérieur qui terminait probablement l'édifice : ces mosaïques, exécutées en blanc et noir, sont travaillées à l'imitation d'élégants tapis (1).

Le style des peintures et des mosaïques qui ornent les diverses parties jusqu'ici découvertes, est sans aucun doute de l'époque de Trajan; et l'on en attribue la décoration à un certain Caius Nymphius, décurion annuel, qui, comme il ressort d'une inscription trouvée autrefois dans cette vigne et rapportée par Donati dans sa *Rome*, possédait déjà les jardins d'Asinius sous le règne de ce prince. Les plus remarquables de ces parties sont l'Atrium, le Nymphæum, et le Lararium. On y voit des peintures décoratives de tout genre, et de belles mosaïques en blanc et noir, représentant des tritons montés par des Néréides. La profondeur des terres rapportées sur un très-grand espace fait espérer que l'on trouvera plusieurs autres bâtiments également bien conservés à la suite de ce qui est déjà découvert, et Rome aura bientôt à montrer un échantillon complet du genre pompéien.

Nous en avons assez dit pour montrer l'élan qui existe à Rome pour tout ce qui est linguistique, histoire, archéologie. Il en est de même pour toutes les autres branches des connaissances humaines. Rome est une ruche aussi occupée, mais moins bourdonnante que la ruche parisienne; et le travail n'en est pas plus mauvais pour être fait dans le calme et le

(1) Voy. Vasy et Nibby, *Itinéraire de Rome*.

silence. Il n'y faut chercher ni grand commerce, ni industrie autre que celles qui se rattachent aux beaux-arts. Les études y sont surtout spéculatives et le but des recherches n'y est pas le même que partout ailleurs. A Rome, on a le désir, et l'espoir de plus en plus fondé, d'arriver à la certitude absolue sur toutes les vérités et sur la plus précieuse de toutes : celle d'une vie future; ailleurs, et même dans notre catholique et généreuse France, à côté des sentiers honnêtes qui conduisent au bien, il y en a d'autres fréquentés par une triste école, qui n'aspire qu'à arriver par tous les chemins possibles au doute, à l'espoir du néant dans l'avenir en cherchant à établir le néant dans le passé. — Si l'on compare les résultats probables des efforts des uns et des autres, dans le cœur et dans les conditions sociales de leurs adeptes respectifs, nous trouvons d'un côté l'impatience des souffrances, des misères humaines auxquelles nul individu ne peut échapper, les terreurs, les regrets, les désespoirs du lit de mort; — de l'autre le sentiment de toutes les souffrances rendues légères, de toutes les misères anoblies par la considération de leur caractère passager ou expiatoire; c'est la mort également en perspective, puisqu'elle est inévitable, mais vue sous un tout autre aspect comme une délivrance, comme un passage, comme une porte qui s'ouvre sur une félicité sans limites, de manière à justifier la sublime parole de l'écriture : O mort! tu as perdu ton aiguillon. Nous laissons au sentiment général à juger quels sont ceux qui méritent le mieux la reconnaissance publique, de quel côté sont les bienfaiteurs de l'humanité.

Mais nous nous éloignons de notre sujet, et il est temps de passer à une autre série de considérations. Ce pontife si attardé, si retranché dans le passé, doit craindre nécessairement tout examen de ses dogmes catholiques, toute discussion de sa puissance temporelle? Il craint si peu cette discussion que c'est lui-même qui va au-devant d'elle; voilà précisément qu'il convoque le plus nombreux, le plus imposant des conciles qui se soit jamais réuni depuis l'aurore du christianisme. Il invite à s'y asseoir non-seulement tous les prélats du monde catholique, à titre de jury; mais, avec le droit d'y exposer leurs opinions, les chefs de toutes les branches dissidentes de la grande famille chrétienne; et même, dit-on, les rabbins et hauts dignitaires de l'ancienne loi.

Dans toute la simplicité, la sincérité, la charité de son cœur, il dit à ceux qui se sont séparés de la source commune : Chrétiens, nos frères, pendant des siècles, vos ancêtres et les nôtres n'ont formé qu'une seule famille, n'ayant qu'une seule religion et ne reconnaissant qu'un seul chef. Ce chef s'appelait d'abord Pierre, l'apôtre, celui à qui son divin maître avait dit : *tu es Petrus, et in hanc petram ædificabo ecclesiam meam.* Il mourut crucifié à Rome sur la colline Montorio. Plus tard il s'appelait Sixte II, ce grand pontife qui, surpris par les soldats de Valérien pendant qu'il célébrait les divins mystères devant les chrétiens rassemblés sur la voie Appienne dans les catacombes de Rome, offrit intrépidement sa tête aux persécuteurs (1). Pendant des siècles le christianisme à compté presqu'autant de martyrs que de papes.

Plus tard, il n'est que trop vrai, il y a eu de mauvais jours pour l'Église, il y a eu des papes indignes et un clergé corrompu; mais les hommes qui se sont élevés contre les abus, qui étaient dans leur droit quand ils demandaient la réforme des mœurs, n'ont-ils pas dépassé le but, n'ont-ils pas prévariqué à leur tour quand, entraînés par les passions humaines, ils se sont attaqué aux dogmes qui étaient irréprochables? Aujourd'hui que, grâce aux progrès de la science des origines sacrées, la lumière s'est faite sur bien des points autrefois controversés, examinons, avec un esprit de paix et de concorde, si ce qui avait été nié à une autre époque peut être nié encore, et si par conséquent les obstacles qui ont surgi dans le lit de ce grand fleuve qu'on appelle le christianisme, de manière à le partager en

(1) Adveniunt subito rapiunt qui forte sedentem
Militibus missis populi tunc colla dedere.

Inscription en vers du grand pape Damase trouvée dans la crypte pontificale du cimetière de Saint-Calliste.

plusieurs branches, reposent encore sur des bases solides; ou si, au contraire, ces obstacles disparaissant, le moment est venu pour toutes les branches de confondre leurs eaux dans le lit primitif. Le temps a fait son œuvre en apaisant les haines du passé entre ceux qui en définitive croient au même sauveur, mais les efforts de l'impiété redoublent contre le christianisme tout entier sous quelque forme qu'il se présente. N'est-il pas sage de nous unir? Il est peut-être facile de nous entendre?

On nous avait dit, et pendant longtemps vous avez pu croire, parce que l'histoire et l'archéologie n'avaient pas dit leur dernier mot, que le recours à l'intercession de la Vierge et des saints, l'efficacité des prières des vivants pour les morts, croyances acceptées par l'Église à l'époque de la Réforme, n'entraient point dans le plan primitif de la révélation; qu'elles ne faisaient point partie de la doctrine enseignée par les apôtres, qu'on n'en apercevait aucune trace avant le IVe siècle. C'était, disait-on, une superfétation superstitieuse introduite par la réaction contre certaines hérésies. De toutes ces négations on avait fait une doctrine hostile au catholicisme; aujourd'hui elles disparaissent devant les découvertes modernes. Il suffit de visiter quelques chambres des catacombes pour se convaincre qu'antérieurement à la Réforme on n'avait rien ajouté, rien interpolé : que le rôle de la Vierge, dans les harmonies du christianisme, était le même, dès le IIIe, dès le IIe, dès le Ier siècle, tel qu'il est encore glorifié aujourd'hui dans la religion catholique, apostolique et romaine (1). Et quant aux saints, on constate cette seule différence, que dans les premiers siècles, les fidèles s'adressaient de préférence à ceux qu'ils avaient vu martyriser sous leurs yeux, parce que pour ceux-là, leur sainteté, leur rang, pour ainsi dire, dans la phalange céleste, ne pouvait laisser aucun doute. Mais, saints ou martyrs, c'était tout un, et l'on ne s'adressait aux martyrs que parce qu'ils étaient d'autant plus saints. Les points douteux qui avaient été l'origine des dissentiments de nos ancêtres semblent donc bien près de disparaître; pourquoi ces dissentiments leur survivraient-ils?

Effectivement, quelques-unes des peintures et des inscriptions copiées par M. M. de Rossi dans diverses catacombes sont vraiment remarquables; et notamment pour celles du cimetière de Calliste, on ne peut pas se tromper sur leur âge. M. Michel de Rossi, en levant les plans des chambres et des galeries de cette célèbre nécropole, est parvenu à retrouver l'ordre dans lequel ces travaux de diverses époques ont été

(1) Parmi les peintures reproduites par la chromo-lithographie, on remarque notamment une fresque des catacombes dont la date ne saurait être contestée. C'est une vierge nimbée recueillant les hommages des fidèles pendant qu'elle tient sur ses genoux l'enfant Jésus, sous les traits parfaitement connus de Tibère enfant. Or Tibère, successeur immédiat d'Auguste, est mort en l'an 37 de l'ère chrétiennne. Cette fresque est donc du Ier siècle.

accomplis, ce qui donne des renseignements précieux pour les classer chronologiquement. Dans les galeries qui furent creusées les premières, la manière dont les tombes y sont disposées, le style et surtout la langue des inscriptions qu'on y trouve, tout y rappelle la seconde moitié du IIe siècle. Les briques qui entrent dans les constructions et qui, selon l'usage romain, portent la marque du fabricant qui les a fournies, sont du temps de Marc-Aurèle. Les inscriptions les plus anciennes sont écrites en grec, qui était encore au IIIe siècle la langue officielle de l'Église. Parmi les épitaphes des papes que M. de Rossi a retrouvées, celle de saint Corneille, mort en 252, est la seule qui soit en latin; mais, à mesure qu'on avance, le latin s'introduit peu à peu. Les inscriptions du cimetière de Calliste nous font assister au passage d'une langue à l'autre; dans plusieurs d'entre elles, les deux langues se mêlent d'une façon étrange : « *Julia Claudiane in pace et irene;* » quelquefois les mots latins sont écrits en caractères grecs.

Les inscriptions les plus anciennes, celles qui remontent, sans aucun doute, à la seconde moitié du IIe siècle, constatent que dès cette époque, dans la société chrétienne, on croyait à l'efficacité des prières des vivants pour les morts et réciproquement des morts pour les vivants. Les exclamations pieuses que l'on trouve accolées aux noms sont plus que des souhaits, elles contiennent des demandes qu'on adresse à Dieu et qu'on suppose écoutées. On croit à l'intervention des saints en faveur de ceux qui les prient. Les fidèles qui visitaient le tombeau d'un martyr pensaient qu'il s'intéresserait à leur salut et les aiderait à l'obtenir.

Dans une des inscriptions recueillies par M. de Rossi, on s'adresse à une jeune fille qui vient de mourir et qu'on croit une sainte, et on lui dit : « Invoque Dieu pour Phœbe et pour son mari, *pete pro Phœbe et pro virginio ejus.* » Ce n'est plus seulement *la paix avec toi. — Dors dans le Christ,* que ton âme repose avec le Seigneur.

C'est encore : « Saint Sixte, souvenez-vous dans vos prières d'Aurélius Repentinus. *Sante Siste, in mente habeas in horationes AVRELIV REPENTINV.* — Ames saintes ! n'oubliez pas Martianus Severus et tous nos frères. *Petite Spirita sancta ut Verecundus cum suis bene naviget.* — Obtenez que Verecundus arrive heureusement au port. — Qu'Amata vive en Dieu ! demandez la paix pour mon père. Ma chère Sophronie, vis toujours dans le Seigneur ! »

Les sectes dissidentes que confondaient les magnifiques témoignages rendus par les catacombes romaines en faveur de la vérité catholique avaient pu jusqu'alors tirer parti de la difficulté de préciser les époques pour s'obstiner dans leurs négations.

L'Anglais Misson, suivi de Burnet et de plusieurs autres qui n'étaient comme lui jamais descendus dans les galeries de la Rome souterraine, avait pu, sans encourir la réprobation qui lui était due, traiter de fables et de visions les découvertes quotidiennes dont s'enorgueillissait le monde chrétien. Aujourd'hui, grâce au nouveau jour que MM. de Rossi ont jeté sur la topographie et sur l'histoire des anciens cimetières, on possède les données nécessaires pour expliquer l'âge, le sens, la filiation des monuments et des symboles, et dès lors il n'est plus possible de contester l'authenticité de dépositions aussi péremptoires. Ces simples graphites acquièrent donc une valeur immense.

Quant à la question de la puissance temporelle, non-seulement elle sera abordée franchement devant le concile, mais elle sera discutée à fond et considérée à tous ses points de vue, de manière à la vider définitivement et pour toujours.

L'histoire est là pour démontrer que dès que les papes ont cessé de lutter pour leur existence, ils ont eu à combattre pour leur liberté ; et que cette liberté a été nulle ou précaire tant qu'ils n'ont pas possédé un refuge quelconque où ils fussent indépendants du pouvoir civil. C'était en vain qu'ils prêchaient par la parole et par l'exemple le respect de l'autorité constituée, la soumission et le dévoûment au prince; qu'ils faisaient faire des prières publiques pour sa conservation, sa prospérité et sa gloire, quelle que fût sa religion, et alors même qu'il était païen; toutes les concessions imaginables en dehors de la seule qu'il leur était impossible de faire : celle de l'immixtion du prince dans la discipline intérieure de l'Église, ne pouvaient le satisfaire, et le résultat final était toujours le même : c'était la persécution exercée contre le pape, alors même que les simples fidèles avaient cessé d'être inquiétés pour leur foi. Cette persécution allait souvent jusqu'à l'exil, jusqu'à la mort, et jusqu'aux entraves de toute nature employées, après le décès du pape, pour empêcher ou retarder la nomination de son successeur.

Ce n'est pas seulement de nos jours que le pouvoir spirituel a paru un embarras pour le pouvoir civil qui voudrait se mettre à sa place. Pareille chose se passait en l'an 306, sous l'empereur Maxence, pour deux pauvres papes qui s'appelaient Marcel et Eusèbe. Les découvertes de G.-B. de Rossi dans les catacombes du cimetière de Calliste nous ont révélé leur histoire touchante et leur fin malheureuse. Cette histoire mérite de trouver ici sa place, car c'est non-seulement une découverte précieuse au point de vue archéologique, mais une découverte providentielle au point de vue de la question qui va être soumise au concile. Elle est aussi instructive que saisissante.

Après la période des persécutions violentes de Dioclétien, l'empereur Maxence croit d'une bonne politique de montrer plus de tolérance pour le christianisme. Il permet aux chrétiens de se réunir, d'exercer ouvertement leur culte. Le pape Marcel s'empresse de profiter de ces bonnes dispositions ; il fait tout au monde pour se concilier les bonnes grâces de l'empereur. Il s'empresse de rendre à César ce qui appartient à César, d'enjoindre aux fidèles le respect et l'obéissance la plus absolue pour tous les édits du gouvernement. Il s'enferme dans le cercle le plus étroit pour ne s'occuper que de la réorganisation de son église; mais même dans son rôle ainsi circonscrit, il se présente des difficultés qui semblent ne concerner que l'administration intérieure de son église et qui suffiront pour le perdre. Voici dans quelles circonstances.

La violence inouïe de la persécution de Dioclétien ayant surpris les chrétiens amollis par une longue paix, le pape Marcel se trouvait en présence d'une foule de *lapsi* (*tombés*), comme on les appelait alors, qui, vaincus par la crainte de la mort ou par la force des tourments, avaient renié le Christ. Aussitôt la persécution terminée, ceux-ci eurent hâte d'effacer le souvenir et surtout les suites de leur faute. Ils vinrent frapper à la porte des églises. Marcel ne demandait pas mieux que de pardonner, mais il crut de son devoir de maintenir les lois instituées par l'Église pour l'expiation que la circonstance rendait nécessaire, lois destinées à pourvoir autant à l'amendement des coupables qu'à l'intégrité du troupeau. Il adopta à leur égard la marche suivie par ses prédécesseurs dans un cas semblable après la persécution de Décius, recommandant aux apostats la pénitence, les larmes, l'humble et patiente attente des jugements de l'Église et du pontife (1). A tous le pardon était promis quand l'expiation serait achevée ; et à ceux qui étaient en danger de mort, l'absolution était immédiatement accordée. Nous n'avons rien négligé, disait la fameuse circulaire envoyée *per totum mundum*, pour que les pervers ne puissent vanter notre facilité relâchée, et pour que, d'autre part, les véritables pénitents ne puissent accuser notre cruauté inflexible.

Malgré toute la prudence du pontife, ces délais, imposés à la rentrée en grâce des *lapsi* (des apostats), amenèrent quelques troubles. Ceux-ci voulaient forcer la porte des églises : ils avaient à leur tête un intrigant, nommé Héraclius, qui avait des relations avec la cour. L'empereur s'ennuya bientôt de ce tapage et voulut contraindre le pape à un pardon immédiat et sans conditions. C'était une intervention dans la discipline ecclésiastique : Marcel ne pouvait y consentir. Il demeure inébranlable dans sa résolution d'obliger les coupables à la pénitence, et l'empereur l'envoie en exil, dans un exil si complet et si définitif que le lieu et le genre de sa mort ne sont jamais arrivés jusqu'à nous.

« Eusèbe, élu pour successeur de Marcel, se trouva dans la même situation et en face de la même lutte,

(1) Nous tirons tous ces détails du magnifique travail de M. le comte Desbassyns de Richemont, dans la *Revue des questions historiques*, n° du 1er janvier 1869, p. 110.

avec cette différence que les perturbateurs, au lieu d'être calmés par l'exil d'un pape, se montrèrent enhardis par le succès. De son côté, malgré la douleur qu'il dut en ressentir, bien que le sort de son prédécesseur fût devant lui comme une menace et que d'un seul mot il eût pu apaiser la tempête, Eusèbe refusa de laisser péricliter entre ses mains la miséricordieuse mais équitable discipline de l'Église; il ne céda pas. » Alors Maxence intervient de nouveau, et sans tenir compte de l'innocence du pontife, sans apprécier tous ses efforts pour conserver la paix, il exile du même coup Eusèbe et le chef des apostats, nommé Héraclius. Cette fois nous connaissons le lieu de l'exil et de la mort du saint pontife; c'est la Sicile, sous sa désigntion poëtique (1).

(1) Toute l'histoire de ces deux papes nous est racontée par deux épitaphes en vers latins, trouvées sur le tombeau d'Eusèbe aux catacombes, vers gravés dans le marbre avec la signature de leur auteur le grand pape Damase. Ce manuscrit de marbre est, M. de Rossi ne craint pas de le dire, un des monuments les plus importants, non-seulement de l'épigraphie chrétienne, mais de l'épigraphie latine tout entière.

Voici ces deux poëmes :

Veridicus rector lapsos quia crimina flere
Prædixit, miseris fuit omnibus hostis amarus.
Hinc furor, hinc odium sequitur, discordia, lites,
Seditio, cædes, solvuntur fœdera pacis.
Crimen ob alterius Christum qui in pace negavit,
Finibus expulsus patriæ est feritate tyranni.
Hæc breviter Damasus voluit comperta referre
Marcelli ut populus meritum cognoscere posset.

Heraclius vetuit lapsos peccata dolore,
Eusebius miseros docuit sua crimina flere,

Qu'on le remarque bien, dit M. de Richemont, Marcel et Eusèbe, pour échapper à l'exil, n'avaient ni à sacrifier aux dieux de Rome, ni à renier un seul dogme de foi. Pour conserver la tranquillité de l'existence, aucun acte d'apostasie ne leur était demandé; s'ils ont quitté leur siége, s'ils sont morts dans une région lointaine, ça été uniquement pour maintenir en face des chrétiens impénitents et du chef du pouvoir devenu leur complice, l'autorité de la discipline, et le droit inhérent à l'Église seule, de la régler comme il lui plaît. Ils sont morts pour sauvegarder non plus l'existence extérieure, mais la liberté intérieure du christianisme. Ils sont parmi les prédécesseurs de Pie IX les premiers qui ont souffert pour la défense du gouvernement exclusif de l'Église par l'Église.

Depuis Marcel et Eusèbe jusqu'à nos jours, la tradition est restée la même parce qu'elle est dans la nécessité. L'indépendance absolue du souverain pontife est la condition *sine qua non* de l'*unité*, de l'*universalité* de l'Église en fait de doctrine, comme en fait de discipline. Sans parler du sort qui a été fait aux évêques italiens sous le gouvernement de Victor-Emmanuel, et qui peut faire présager celui

Scinditur in partes populus, gliscente furore,
Seditio, cædes, bellum, discordia, lites.
Exemplo pariter pulsi feritate tyranni
Integra cum rector servaret fœdera pacis
Pertulit exilium omnino sub judice lætus
Littore Trinacrio mundum vitamque reliquit.

qui serait réservé au pape sous un préfet du même régime, se rend-on bien compte de ce que deviendrait l'église catholique, lorsque le pape devenu le sujet du gouvernement italien, ne serait plus que l'évêque de Rome? Cette église descendrait immédiatement au niveau de l'église anglicane sous la direction parlementaire de la reine d'Angleterre, ou de l'église grecque sous le despotisme de l'Empereur de toutes les Russies.

On s'est plaint plus d'une fois et avec quelque raison de la tendance constante depuis trois siècles, de la part des papes, à s'entourer de préférence de cardinaux italiens. Le nombre toujours plus considérable de ces derniers en proportion de ceux qui appartiennent aux autres nationalités, a été signalé comme un danger pour la catholicité au point de vue de l'unité, parce qu'on pourrait craindre qu'à un moment donné, les intérêts catholiques ne fussent pas surveillés avec un zèle égal dans celles des parties du monde qui seraient le plus faiblement représentées. Par contre, toutes les fois qu'il y a un chapeau de cardinal à donner, toutes les puissances, chacune de son côté, s'efforcent, par l'intermédiaire de leurs ambassadeurs, de peser sur le souverain pontife pour obtenir cette dignité en faveur d'un candidat qui leur appartienne. Il arrive même que telle ou telle puissance prépondérante s'obstine à présenter un candidat qui non-seulement ne répond pas aux vues du souverain pontife, mais qui lui est personnellement désagréable.

Supposez, par impossible, que le pape se résignât à être le sujet du gouvernement italien, il arriverait tôt ou tard, mais infailliblement, un moment où le collége des cardinaux ne contiendrait plus que des Italiens; et aussitôt commencerait un travail plus ou moins lent, mais inévitable, de dislocation progressive : chaque gouvernement, et même le clergé catholique de chaque nationalité, ferait peu à peu ses réserves et tiendrait à avoir des garanties contre une administration ecclésiastique trop exclusivement italienne. Ce serait de proche en proche l'établissement d'une église catholique française, à côté d'une église catholique anglaise, puis espagnole, puis autrichienne, en un mot d'autant d'églises catholiques qu'il y aurait de nationalités différentes, avec des nuances diverses et des liens plus ou moins relâchés avec l'église catholique italienne.

Demander à la papauté de renoncer à sa puissance temporelle, c'est donc lui demander de se suicider; et comme, dans l'intérêt de l'humanité, c'est son devoir de vivre, elle doit résister jusqu'à son dernier souffle, avec la ferme résolution de ne pas se départir de cette alternative : « *Ou bien le drapeau du pape roi continuera à flotter dans sa complète indépendance au sommet du château Saint-Ange ; ou bien le successeur des apôtres reprendra le bâton du pèlerin pour errer de rivage en rivage, jusqu'à ce qu'il ait trouvé un autre domaine où sa liberté et son autorité soient notoirement entourées de toutes les garanties.* Dans cette marche douloureuse à travers le monde, il ne lui sera permis de s'arrêter nulle part, car le gouvernement dans les états duquel il prolongerait son séjour, cèderait infailliblement tôt ou tard à la tentation de le dominer pour l'exploiter (1).

C'est précisément pour formuler une résolution de ce genre en vue des dangers qui menacent la puissance temporelle non-seulement de son vivant, mais plus encore au moment prochain de sa mort, que Pie IX a cru devoir donner une solennité extraordinaire à ce concile, auquel il convoque non-seulement tous les dignitaires de l'église chrétienne, mais les représentants officiels de toutes les puissances de la terre. Ce sera un concile à la fois religieux et politique dont nous n'avons pas la prétention de connaître le programme. Nous avons entendu parler vaguement de quelques réformes à introduire dans certains ordres religieux dont les règles n'avaient plus de raison d'être; de points controversés à résoudre à l'aide de documents plus complets, de dogmes contestés à affirmer sur des preuves nouvelles. Tout cela se fera au grand jour, la discussion sera publique, elle sera transcrite d'heure en heure avec toutes les garanties de la plus scrupuleuse

(1) C'est ce qui est arrivé aux religions réformées en Angleterre, en Prusse, en Suède, partout; à la religion grecque en Russie.

exactitude et répandue par toutes les voies de la presse dans le monde entier. On est donc sûr de la plus entière bonne foi. Est-on également sûr du calme des délibérations et de la sécurité complète du milieu dans lequel auront lieu les débats?

Quelques esprits timides s'effraient de la publicité qui va être donnée à des controverses qui pourront devenir brûlantes ; ils s'élèvent déjà contre le pontife qu'ils accusent de témérité ou d'imprévoyance.

Quelle est, disent-ils, la folie de ce vieillard qui n'est pas sûr d'une heure d'existence ni de sa vie corporelle arrivée à son dernier terme, ni de sa chétive royauté aux abois, et qui au moment où le monde se débat dans les convulsions et les transformations de tout genre, s'aventure à convoquer, sur les ruines de tous les principes, une de ces assemblées que Saint-Grégoire de Nazianze trouvait dangereuses, même dans les temps les plus calmes? — Il leur répond avec son regard serein et son angélique sourire : Oui, vous avez raison, ce vieillard serait bien fou, s'il n'était le successeur de celui à qui le Sauveur des hommes disait qu'il devait marcher sans défiance, même sur les flots irrités. Mais étant ce qu'il est, il ose, parce que c'est son devoir, parce que le moment en est venu, dire à ceux qui sont les docteurs en religion et les juges de la terre: Venez sur ce dernier fragment du patrimoine de Saint-Pierre, sur ce rocher battu par la tempête et que chaque nouveau flot semble devoir engloutir :

venez sur cet espace bien réduit, mais suffisant encore pour vous réunir autour du tombeau de l'apôtre ; venez pendant que l'orage se déchaîne au dehors, discuter avec calme sur les destinées du monde chrétien ! Ayez confiance, vous qui tremblez; le divin Maître n'a-t-il pas dit : les fureurs de l'enfer ne prévaudront pas contre mon église?

Du reste, les cardinaux, sous l'inspiration de Pie IX, partagent son enthousiasme et sa sérénité ; et si, ce qu'à Dieu ne plaise, par suite de quelque cataclysme européen, les bandes garibaldiennes venaient à envahir la ville sainte au milieu de ces solennels débats, on verrait les membres de ce sénat mîtré imiter leurs ancêtres de la Rome païenne, qui mouraient sur leurs siéges curules sans daigner s'apercevoir de la présence des barbares qui avaient surpris le Capitole.

Hâtons-nous de dire cependant que rien ne semble présager une interruption brutale de ce genre qui serait une honte pour l'Europe. Tout au contraire, il y a dans l'air des signes précurseurs d'un nouveau courant d'idées dans le sens de l'apaisement des esprits des diverses populations de l'Italie à l'égard de Rome. Les journaux de Mazzini ont beau redoubler de furie, ils ne font plus de prosélytes ; on commence à être sincèrement honteux du passé, on espère une réconciliation dans l'avenir, — dans un avenir peut-être peu éloigné. On se dit qu'il sortira quelque chose du concile, un *modus vivendi* qui aurait quelque analogie avec le programme de l'opposition turinoise; que la rétrocession des provinces qui ont été injustement enlevées aux États pontificaux ne serait pas un sacrifice sans compensation pour le gouvernement italien, puisque, par le fait même, il se trouverait libéré de la part de dette qui a été mise à sa charge par le traité de septembre en raison de cette usurpation. Ce sacrifice, si l'on veut appeler ainsi un simple retour à la probité, aurait l'avantage de lui rallier les conservateurs de toutes les nuances; et il obtiendrait alors la force nécessaire pour lutter contre les éléments d'anarchie en s'appuyant sur les principes d'ordre et d'autorité. Et, quant au pape, on se dit qu'il accepterait cette transaction : oui, en dépit de toutes les spoliations exercées sur le clergé, parce que son rôle a toujours été de pardonner ce qui est irrémédiable en faveur du pécheur disposé à s'amender; — et parce que Pie IX et la plupart des cardinaux sont Italiens de cœur et de naissance. Certes, Pie IX a donné la mesure de son patriotisme à l'égard de l'Italie dans toutes les circonstances, comme simple prêtre, comme évêque, et d'une manière tellement éclatante à son avénement au pontificat, que le doute n'est plus possible. Combien ne lui a-t-on pas reproché ses premières illusions? Oui, on se rappelle que le premier acte du nouveau pontife fut l'amnistie générale pour tous les condamnés politiques, le rappel de tous les exilés : clémence dont il a été cruellement puni par leur ingratitude. Ce sentiment italien ne l'a-t-il pas entraîné jusqu'à permettre à son armée de marcher à l'appui de Charles-Albert dans une expédition qui avait pour but de forcer les Autrichiens à évacuer le sol de la patrie italienne? — Toutes les conditions compatibles avec ses devoirs, tous les sacrifices qui ne pèsent que sur lui-même et sur son clergé dans les limites qui ne sauraient nuire à la religion elle-même dans sa parfaite indépendance, on est sûr d'avance qu'il les acceptera.

Quoi qu'il en soit, la physionomie de Pie IX ne révèle ni abattement, ni inquiétude. Il semble au contraire que l'approche du concile lui donne une nouvelle ardeur et des forces nouvelles. Il est tout entier à la pensée de cette solennelle législative ecclésiastique, et s'occupe continuellement des nombreux préparatifs qu'elle nécessite. Le plan de l'hémicycle en menuiserie qui occupera une partie de la nef droite de Saint-Pierre, et où les pères tiendront leurs grandes séances, est définitivement arrêté. Cet hémicycle tournera le dos à l'autel de la confession et ses bras iront rejoindre l'autel des SS. Rocesso et Martiniano; il contiendra, sur onze rangs, neuf cents stalles au moins pour les pères; d'autres places particulières seront réservées aux représentants des puissances. Le trône du pape occupera l'une de ses extrémités : à la droite de ce trône se trouveront les siéges pour les cardinaux ; à la gauche les siéges des patriarches. Il y aura une tribune et des bureaux pour des sténographes. Ces sténographes appartiendront à diverses nations; cependant on ne parlera qu'une seule langue dans les grandes séances : le latin. On a cru nécessaire de représenter toutes les langues parmi les sténographes, parce que dans chaque pays on prononce le latin d'une manière particulière, et qu'il arrive souvent que deux latinistes distingués, un Français et un Italien, par exemple, si le Français ne connaît pas le bel idiome toscan, et l'Italien l'idiome français, ne s'entendent pas du tout en parlant tous deux un bon latin. De cette façon, les sténographes français noteront les discours des prélats français, les sténographes italiens les discours des prélats italiens, et ainsi de suite.

Quant au logement des évêques, on s'en occupe déjà : une commission de prélats a été instituée pour aplanir autant que possible les difficultés qui ne manqueront pas de naître à ce propos. Un appel a été fait au patriarcat romain, et l'on pense qu'il sera entendu. On espère que les princes offriront leurs palais, comme ils l'ont fait en 1867, lors du centenaire. Le prince Torlonia s'est empressé, lui premier, de mettre à la disposition du pape son palais de la place Scorcia Cavalli; sans doute cet exemple aura des imitateurs. Il est impossible, d'ailleurs, de se dissimuler que l'hospitalité, qu'il sera indispensable de donner à beaucoup de prélats, et d'autres grosses dépenses dont on n'a pas encore dressé la note, mais qui s'augmentent journellement, causeront de sérieux embarras au saint siége. Mais Pie IX a déjà fait des prodiges en ce genre, et il a foi dans la Providence qui lui fournira les moyens d'accomplir sa mission.

Au moment où nous mettons sous presse, nous apprenons que cette confiance de Pie IX dans le secours de la Providence n'a pas été trompée. Les dons qui lui ont été offerts à l'occasion du cinquantième anniversaire de son ordination, se sont élevés, en argent seulement, à plus de dix millions de francs. La chrétienté tout entière, même des extrémités les plus reculées du monde, y a pris part. Et quant aux manifestations de la capitale et des provinces de l'État pontifical, voici en réponse aux assertions de M. About, quelques détails intéressants tirés des correspondances de journaux français qui sont en général médiocrement favorables au saint siége.

« La commune de Rome, à l'occasion des fêtes du 11 avril, a offert un riche calice dont Pie IX n'a pas voulu se servir ce jour-là à la messe, parce que, a-t-il dit, il avait promis de faire cadeau à une église pauvre du calice qu'il emploierait. Une société de *patriciens et de bourgeois dévoués* ont donné une batterie de canons fondue à Rome à l'atelier de M. Mazzochi.

« L'imprimerie officielle a présenté un missel magnifique; la direction des douanes une madone richement encadrée qui ornait la chapelle de monseigneur Caprano, le 10 avril 1819, lorsque l'abbé Mastaï y reçut l'ordination sacerdotale; diverses administrations, *œre collato*, une chaîne et une croix papale. Les cardinaux qui habitent Rome (ils sont au nombre de 28) se sont cotisés pour offrir 30,000 francs en pièces d'or neuves de vingt francs. Les principales communes de l'État ont envoyé des calices, des tableaux, etc., ou ce qui a plus de cachet, des spécimens des produits de leur industrie agricole et manufacturière. Il y a deux cours du Vatican remplies de barils de vin ou d'huile peints aux couleurs pontificales, or et argent; de plaques de marbre, d'écheveaux de soie, de sacs de blé, voire de sacs de charbon, d'agneaux enrubannés, de chèvres aux cornes dorées, de tapis communs, de poules caquetant, de rames de papier, de pains de soufre... tout cela formant le plus pittoresque pêle-mêle que l'on puisse imaginer. »

Tous ces dons en nature, nous n'avons pas besoin de le dire, à part les objets d'art, ont été distribués aux pauvres de Rome, sans leur demander compte de leur drapeau religieux.

ÉTUDES HÉBRAIQUES

Il nous reste enfin à parler d'une question qui sera peut-être discutée au prochain concile, en supposant que les découvertes patientes et silencieuses (on peut dire trop patientes et trop silencieuses) auxquelles elle se rattache, aient déjà acquis assez de certitude et de notoriété, dans le court espace de temps qui nous sépare encore des premières séances, pour que l'auguste aréopage puisse la juger en connaissance de cause. Il s'agit des résultats que l'on pourrait espérer, pour la conversion de la grande famille israélite, des révélations vraiment prodigieuses qui ressortent des recherches que M. l'abbé Martet a poursuivies depuis plus de trente ans dans la science de la linguistique hébraïque.

Malgré notre profonde admiration pour ce savant et pour son œuvre, c'est avec une certaine appréhension et même avec un véritable effroi que nous abordons ce sujet. Le sort des Cristophe Colomb est généralement peu digne d'envie : l'annonce d'un nouveau monde est le plus souvent accueillie par les sourires de l'ignorance railleuse, sans pitié pour ceux qui ont la prétention de voir au delà de certains horizons ; — et malheur aussi aux premiers disciples qui se laissent convaincre avant la foule. Nous sommes vraiment désolés d'avoir à nous inscrire dans cette dernière catégorie, en compagnie d'hommes éminents qui sont plus à même que nous de juger de l'exactitude et de la valeur de ces découvertes. Nous sommes surtout effrayés de la mission qui nous incombe d'en apporter la première nouvelle dans ce pays de France, le plus sceptique et le plus railleur du monde entier; mais c'est un honneur et un devoir devant lequel nous ne saurions nous récuser, bien que nous en eussions peut-être le droit par notre ignorance presque complète de la langue hébraïque qui est le fond de la question.

On nous demandera d'abord qui est M. l'abbé Martet et quel est l'objet de ses recherches. M. l'abbé Martet était, il y a plus de trente ans, un pauvre curé d'une obscure paroisse du diocèse de Langres; mais il avait, ce qui malheureusement est trop rare dans le clergé français, un goût très-prononcé pour l'étude de la langue hébraïque. Ce goût s'augmentant en raison même des progrès rapides qu'il faisait dans cette science, il éprouva bientôt le besoin de s'y livrer tout entier; et il obtint par la protection de l'ambassade française une petite place de desservant du couvent de San Claudio des Bourguignons à Rome. Depuis trente ans il n'en a pas bougé, poursuivant une idée qui est probablement destinée à faire autant de chemin dans les voies religieuses, que celles de l'application de la vapeur et de l'électricité au mouvement et à la transmission dans l'espace en ont fait de nos jours dans les voies matérielles.

M. l'abbé Martet savait par tradition qu'outre leur double sens littéral et numérique qui est connu depuis un temps immémorial, les mots hébreux ont encore un troisième sens mystique et caché, que l'on n'a découvert qu'accidentellement et exceptionnellement pour un petit nombre d'entre eux, plus particulièrement pour les noms propres. Ce sens est l'explication, la raison d'être, l'histoire pour ainsi dire de chacun de ces mots. Ainsi le nom Adam du premier homme vient évidemment du mot hébreu *adama* qui veut dire *terre rouge*, parce que c'était la substance dont il avait été tiré; — et le mot *dam* qui veut dire *sang*, a la même origine parce que le liquide qui circule dans le corps humain et qui lui conserve la vie, a la couleur de cette même substance.

M. l'abbé Martet avait eu d'abord l'idée, que beaucoup d'autres avaient eue avant lui, de rechercher cette troisième signification des mots : il espérait tirer ainsi de la langue hébraïque une vaste table archéologique qui lui donnerait l'explication et l'origine de toutes choses. C'était une manière indirecte d'arriver à la possession de la science universelle — que Dieu s'est réservée pour lui seul; et et par conséquent cette recherche ne pouvait aboutir.

— Et c'était déjà dans cette fausse direction que s'étaient fourvoyés et usés un grand nombre de ses prédécesseurs. Car il faut bien le dire, depuis soixante ans, c'est la quatrième fois que l'on a cru arriver à une découverte à peu près semblable. De grands et lumineux esprits s'étaient déjà avancés sur cette voie, ils en avaient même reconnu certaines parties, parcouru plusieurs étapes ; mais toujours quelque obstacle s'était présenté, quelque difficulté imprévue leur avait barré le passage ; et ils avaient dû rebrousser chemin bien à regret, avec la conviction qu'il y avait là une issue, l'issue qui menait à la vérité. Mais ne pouvant la découvrir, ils se retiraient en disant à leur manière : « E pur si muove. » C'est que l'heure n'était pas encore venue.

M. l'abbé Martet a été plus heureux : non pas qu'il ait trouvé ce qu'il cherchait ; mais il a obtenu bien mieux que cela : au lieu de l'explication isolée de quelques mots sans suite comme dans un dictionnaire, il a rencontré sur son chemin, presque par hasard, des inscriptions, des légendes entières, que nulle main humaine n'a tracées et que cependant tout le monde peut lire.

Comment y est-il arrivé? Nous allons le dire en quelques mots. — Pendant qu'il poursuivait les recherches infructueuses que nous venons d'indiquer, il avait été de plus en plus frappé de l'importance exceptionnelle des chiffres dans l'organisme de la langue hébraïque, comparativement à toutes les autres langues de la terre, et de l'étrange combinaison par laquelle il se fait que chaque lettre est un chiffre et chaque mot est une somme.

Il a fini par se demander si cette langue avait pu être créée par les hommes? Sa raison avait peine à l'admettre, car il ne tarda pas à vérifier qu'elle est à la fois une langue et un calcul ; que dis-je ! elle est une complication inouïe de calculs, devant laquelle celui qui veut la fouiller jusque dans ses profondeurs, recule d'abord épouvanté. Mais peu à peu, caractères écrits et caractères chiffrés, tout cela se classe, se coordonne, et l'on découvre bientôt des lois, une méthode, une harmonie générale dans l'ensemble et une précision mathématique dans les détails qui font reconnaître une œuvre parfaite, une œuvre qui a dû être produite d'un seul jet, puisque tous ces calculs pour s'harmoniser ainsi ont dû être faits à l'avance. Cette langue n'a pu admettre, par conséquent, pour se développer, ni tâtonnements, ni essais, ni corrections successives, comme on en trouve aux débuts de toutes les œuvres humaines

Il a conclu de tous ces raisonnements que c'était la langue primordiale, la langue de Dieu, révélée par Dieu lui-même au premier homme. A cet égard, nous avons retrouvé la même conviction chez tous les rabbins que nous avons interrogés, notamment le grand rabbin de la synagogue de Nancy, et chez quelques-uns de nos professeurs de langue hébraïque, notamment M. l'abbé Glayre, ancien titulaire de la chaire d'hébreu à la Sorbonne.

Mais la langue de Dieu n'a pas révélé à l'homme, dès le premier jour, toutes les vérités, puisque depuis la naissance d'Adam l'humanité n'a pas cessé de faire chaque jour de nouveaux progrès dans toutes les branches des connaissances humaines.

Les Écritures saintes contiennent bien, nous n'en saurions douter, toutes les vérités religieuses de l'ancienne et de la nouvelle loi ; mais possédons-nous, même aujourd'hui, le dernier mot de toutes ces vérités ? Les théologiens comprennent-ils toutes ces vérités de la même manière ? Évidemment non, puisqu'il y a des passages des Écritures qui sont encore aujourd'hui contestés ; puisqu'il y a encore parmi les chrétiens des dissidents, des hérétiques ; puisqu'enfin il y a encore par toute la terre des descendants d'Israël qui ne sont point encore convertis à la religion catholique.

On ne saurait donc nier que sous cette croûte extérieure, si l'on peut s'exprimer ainsi, des textes sacrés, il y a encore des trésors de vérités que l'intelligence de l'homme n'a pas encore pu atteindre. Quel est le prophète ou le génie qui soulèvera un coin du rideau qui nous dérobe encore toutes ces richesses ? — L'apôtre saint Jean, dans l'apocalypse, a répondu d'avance à cette question : *qui habet intellectum, compulset numerum*. « Celui qui a de l'intelligence, devra compulser le nombre. »

Appuyé sur une aussi haute autorité, et frappé, comme nous l'avons dit, de la distribution surabondante des chiffres et des nombres dans l'organisme de la langue hébraïque, M. l'abbé Martet comprit que c'était surtout les chiffres et les nombres qu'il devait interroger pour avoir la clef de cette langue, et pour tirer des textes sacrés toutes les vérités encore ignorées ou imparfaitement connues que ces textes recélaient sous leur surface.

Aussi se promit-il, partout où il rencontrerait un chiffre, à partir même de la première lettre de l'alphabet hébreu (puisque chaque lettre hébraïque est un chiffre), de ne point le laisser passer sans l'avoir examiné, retourné, décomposé, multiplié et divisé de toutes les manières, jusqu'à ce qu'il lui eût arraché son secret, en supposant qu'il eût un secret.

Mais la recommandation de saint Jean : *Celui qui a de l'intelligence devra chercher dans le nombre*, ne lui paraissant pas limitée à certains nombres, et semblant, au contraire livrer un libre champ à ses recherches, la première impulsion de M. l'abbé Martet fut de sonder toutes les grandes formules qui se rattachent aux sciences mathématiques.

Il s'est dit : toutes les lois qui régissent inflexiblement la matière sur la terre et dans l'espace sont l'œuvre de Dieu. Elles expriment donc sa pensée, sa volonté immuable depuis l'instant de la création. Or si, comme je le suppose, la langue hébraïque est la langue primordiale, la langue de la création :

cette pensée, cette volonté, ces lois mathématiques ont dû avoir leur première et dernière expression, c'est-à-dire leur expression la plus parfaite, leur expression immuable en hébreu.

Il s'ensuit donc que toutes les fois que l'intelligence humaine aura découvert l'expression la plus parfaite, la formule la plus simple et la plus exacte d'une loi générale de la création, loi mathématique, astronomique ou autre, pourvu qu'elle soit formulée en chiffres (nous disons *pourvu qu'elle soit formulée* en chiffres, parce que tout chiffre représente un caractère hébreu), cette formule doit constituer par elle-même, *spontanément*, un texte hébreu. Le tout est de savoir le lire.

Fort de cette conviction, M. l'abbé Martet a marché droit à la formule la mieux connue de tous les savants; celle qui constitue en quelque sorte la pierre angulaire des sciences mathématiques, la formule de π : celle qui donne le rapport de la circonférence au diamètre. La circonférence étant l'emblème de l'éternité divine, puisqu'elle n'a ni commencement, ni fin, il avait le pressentiment que la formule qui en déterminait les propriétés, devait lui révéler, par la simple traduction de ses chiffres en hébreu, quelques-uns des caractères ou des attributs de l'éternel.

Effectivement, il ne s'était pas trompé : dès les trois premières décimales 314, il trouve pour premier mot hébreu שדי =314 qui veut dire *Omnipo-*

tens, *Le tout-puissant*. Les deux décimales suivantes 15 lui donnent le mot יה=15 qui veut dire *Dominus*, Seigneur, et ainsi de suite.

Il a eu la patience de continuer cette traduction jusqu'à la cent cinquante-troisième décimale; et sans intervertion, sans artifice d'aucune sorte, avec la simplicité d'un enfant qui épelle son alphabet, chaque fois que les groupes de chiffres consécutifs lui donnent un mot hébreu, il l'écrit, et il obtient ainsi, en 68 mots, le texte prodigieux que voici ; texte qui a été écrit avant lui par tous les mathématiciens de la terre, parce qu'il leur était impossible de faire autrement, et sans qu'ils se doutassent qu'ils écrivaient en langue hébraïque pure; tout comme M. Jourdain faisait de la prose sans le savoir. C'est un fait que tout le monde, même les plus ignorants, peuvent vérifier : il suffit de connaître l'alphabet hébreu, avec la valeur numérique de chaque lettre, et d'avoir recours au dictionnaire pour constater la signification de chaque mot.

Et qu'on ne nous oppose point la faculté qu'a eue M. l'abbé Martet de couper la formule arbitrairement en groupes successifs composés inégalement de un, deux ou trois chiffres. Que le lecteur veuille bien se rappeler que jusqu'à une époque bien postérieure au siècle d'Auguste, toutes les inscriptions, même celles de la poésie, étaient écrites d'une manière continue sans tenir compte de la séparation des mots. Il suffit de jeter les yeux sur les anciens manuscrits grecs et latins qui se trouvent dans les bibliothèques publiques, notamment, dans les bibliothèques du Vatican, sur les anciennes copies des œuvres de Virgile et d'Horace; et l'on verra que M. Martet n'a fait ici que ce que l'on a toujours été obligé de faire (sans soulever aucune contestation) jusqu'à l'époque comparativement récente où l'on a eu l'idée de séparer les mots et d'inventer les points et les virgules.

La formule π s'écrit ainsi jusqu'à la 153e décimale.

π =314, 15, 92, 65, 358, 97, 93, 238, 46, 26, 43, 38, 32, 79, 502, 88, 41, 9, 71, 69, 39, 93, 75, 10, 58, 209, 74, 94, 45, 92, 30, 78, 16, 40, 62, 86, 208, 99, 86, 280, 348, 253, 421, 170, 67, 98, 214, 80, 86, 513, 282, 306, 64, 70, 93, 84, 460, 95, 50, 58, 22, 317, 253, 59, 40, 81, 28, 48.

M. l'abbé Martet a séparé cette série, ainsi que nous l'avons indiqué par des points, en 68 groupes de chiffres consécutifs qui constituent les 68 mots suivants :

שדי· יה· דאלהים· אזני· משיח· אמון· צבא· כרביו· אלהי·
יהוה· גדול· גלה· כבוד· גמול· בשר· באלהים· בזבל· גאה·
חזין· אבינו· הנאל· צבא· יהווים· גבה· חן· באור· עז
גאלכם· אדם· ראלהים· יחגה· החכמה· בודי· גואל· לכבוד·
אלהים· בזבר· ופדה· אלהים· עיד· ברצנו· רחמה· לושועה·
לפדיום· לגזל· לבניו· דום· כחכזו· אלהים· התבונן· לרבים·

אָשָׁה· בִּבְנֵי· כרדְ· לְנִגְזוֹ· לְחְמוֹ· יִתֵּן· הַמֶּלֶכ· כֹּל· חֵן· הַטּוֹב·
הוֹשֵׁב· בְּאֹרִים· בְּמִזְבְּחַ· בִּכְבוֹדוֹ· חַנִּכְבָּז· בִּיהֹוָה· הגדול·

dont voici d'abord la traduction latine, mot pour mot, dans le même ordre :

Omnipotens — dominus — et deus — dominator — Christus — artifex — exercitus — Cherubim suorum — deus — Jehova — magnus — revelavit — gloriam — retributionem — carnis — in Deo — in habitaculo — sublimi — visionis — patris nostri — qui redemit — exercitum — Judæorum — excelsâ — gratiâ — in lumen — æternitatis.

Redemptor vester — homo — et deus — vidit — Sapientiam — solus — redimens — ad gloriam — dei — Per verbum — redemit — deus — civitatem — in bene placito suo — dilectam — ad salutem — ad redemptionem — ad magnificandum — filiis suis — spiritum — in misericordiâ suâ.

Deus — intellexit — pro multis — sacrificium — inter filios — consilii — in conspectu suo — panem suum — dabit — Rex — omnem — gratiam — optimam — ipse sedens — in luminibus — super altare — in gloriâ suâ — gloriosus — in domino Jehova — magno.

Le Tout-Puissant (en hébreu Schaddaï), Ez. 1., 24. — Seigneur (en hébreu Jah), Ex., 15, 2. — Et le Dieu (en hébreu Elohim), Gn., 50, 24. — Dominateur (en hébreu Adonaï), Ps. 68, 27. — Le Christ (Messias), Dan. 9, 5. — Créateur — de l'armée — de ses chérubins, — le grand — Dieu — Jehova (ces trois mots peuvent se remplacer par : et le seul — grand — Jehova) révéla — la gloire (qui sera) — la récompense — de la chair — dans le sein de Dieu, — dans la demeure — magnifique — de la vision — de notre père — qui a racheté — l'armée — des Juifs — par une grâce — suréminente — pour la lumière — de l'éternité.

Votre Rédempteur — homme — et Dieu — a vu — la sagesse,—lui qui seul—opère la rédemption — pour la gloire — de Dieu. — C'est par le Verbe — que Dieu — a racheté — la cité — qu'il a aimée — d'un amour de prédilection — pour lui donner le salut, — le prix de sa rançon — pour communiquer avec magnificence — son esprit — à ses enfants — par sa miséricorde.

Dieu—a disposé avec intelligence—en faveur de plusieurs — le sacrifice — parmi les enfants — du conseil. — Le roi — donnera — son pain — en sa présence — toute — grâce — excellente — lui même demeurant — au milieu des splendeurs — sur l'autel — revêtu de sa gloire — étant glorifié — dans le sein du grand — seigneur Jehova.

Selon M. l'abbé Martet, « il est évident que tout « ce discours se trouve placé dans la bouche des « saints anges, et qu'ils s'expriment ainsi dans l'in« tention de s'adresser aux hommes, pour les ins« truire parfaitement de leur sublime vocation à la « gloire céleste, y compris la résurrection et la glo« rification de la chair. Ils déclarent avec complai« sance que ce séjour en Dieu est la magnifique « demeure de la vision de notre père qui a racheté « l'armée des Juifs par une grâce excellente pour « la lumière de l'éternité. En entendant ce nom de « Juifs, comprenons qu'il ne s'agit point des juifs « charnels : *Qui dicunt se judæos esse et non sunt;* « *sed mentiuntur* (ap. 3, 9). Le nom de juif, rappelé « à la dignité, signifie les vrais adorateurs qui ado« rent en esprit et en vérité. »

« Vient ensuite la déclaration de la personne di« vine du Rédempteur. Votre Rédempteur, disent

« les anges, homme et Dieu a vu la sagesse, lui « seul rachetant pour la gloire de Dieu. Quoi de « plus clair et de plus magnifique que ces paroles ! « Cette profession de notre foi, affirmée par les « anges, est conçue en ces termes remarquables :

יאלכם אדם זאלהים וחזה החכלה בודד גואל לכבוד אלהים.

« Les nombres correspondants sont 94, 45, 92, 30, « 78, 16, 40, 62, 86. L'union des deux natures di- « vine et humaine ne peut réclamer des termes « plus exacts et plus positifs; et cette sublime fonc- « tion qui lui est attribuée de voir la sagesse, est « précisément ce qui est affirmé par l'auteur de « l'Ecclésiastique (chap. I, v. 9).

« Que diront à cela les incrédules ? que je donne « mes propres combinaisons pour la parole de Dieu. « Mais je ne fais rien, sinon que, voyant ce qui « existe, je le montre à ceux qui le veulent voir « avec moi, pour nous réjouir ensemble à cette « lumière de la vérité, à la fois naturelle par un « côté et surnaturelle de l'autre. Ce sont peut-être « des incrédules qui ont conquis cette loi très-su- « blime des mathématiques, sans savoir à quelle fin « la Providence avait placé là tant de décimales. « Ce rapport, se dérobant indéfiniment, est obligé, « devant quiconque comprendra, de laisser à son « passage une trace permanente de la lumière éter- « nelle; et cette trace n'est autre que cette admi- « rable série calculée au siècle dernier jusqu'à 100

« décimales, mais qui de nos jours vient d'être « poursuivie infatigablement jusqu'à 430 décimales.

« Pour moi qui viens, avec la langue hébraïque, « pour confronter ses nombres traditionnels les « plus simples avec ce que les hautes mathémati- « ont de plus sublime, je ne fais que rendre hom- « mage aux deux ordres de choses naturelles et « surnaturelles qui remontent également jusqu'à « Dieu, le principe de toute sagesse. »

Depuis trente ans M. l'abbé Martet continue à appliquer le même système à toutes les lois mathématiques et astronomiques, soit que la formule étant déjà trouvée, il n'ait qu'à lire le texte hébreu qui en ressort spontanément, soit que la loi seulement étant connue par une formule illisible en hébreu, il remonte à une formule nouvelle plus simple et tout aussi exacte, reproduisant identiquement les mêmes résultats, les mêmes décimales jusqu'à l'infini, et qui est alors la formule hébraïque cherchée. — Et chose étrange! il y arrive le plus souvent sans avoir besoin de passer par les gigantesques calculs des savants qui l'ont précédé. Il lui suffira des lettres-chiffres tirées de quelques mots hébreux, quelquefois d'un seul mot, pris dans les textes sacrés; et avec cela il obtiendra toujours, *toujours*, la formule cherchée, par des opérations tout à fait élémentaires qui ne dépassent pas les quatre règles de l'arithmétique.

Il lui suffira par exemple des lettres-chiffres qui

se trouvent dans les trois mots *terre*, *lune*, *soleil*, en langue hébraïque, pour trouver les formules qui donneront toutes les relations réciproques de ces corps célestes, leurs distances, leurs diamètres moyens, les lois de leur mouvement dans l'espace. Ce sera déjà quelque chose de merveilleux; mais ce qui constitue la merveille des merveilles, ce qui confond l'imagination, c'est que sur chacune de ces formules, quand il s'agit du système planétaire, se trouve écrit en caractères lisibles pour tout hébraïsant, le nom de Dieu le père, ou le nom de Dieu le fils, ou un texte des écritures, ou une inscription nouvelle] en concordance absolue avec les textes sacrés. C'est le *cœli enarrant gloriam Dei* pris à la lettre.

Mais nous laisserons ces formules arides pour les renvoyer à la fin de ce volume, et nous suivrons d'abord M. l'abbé Martet dans ses expériences sur la linguistique hébraïque, expériences qui l'ont conduit à la plus belle et à la plus utile de ses découvertes : celle qui est appelée à faire toute une révolution dans la science des hébraïsants.

Partant toujours de la certitude qu'il avait acquise que la langue hebraïque était la langue primordiale, M. l'abbé Martet s'est souvenu de cette affirmation des Écritures relativement à toutes les choses de la création. « Omnia enim *in mensura* et *numero* et *pondere* disposuisti. Sap. 11e, v. 21. Vous avez fait toutes choses avec *mesure*, avec *nombre* et avec *poids*.

La langue hébraïque étant une des œuvres de la création, devait avoir aussi *nombre*, *mesure* et *poids*. Or la science des hébraïsants ne connaissait encore que le *nombre*; et qu'est-ce que pouvaient être la mesure et le poids d'une langue? Ce ne pouvait être que d'autres valeurs numériques attachées, comme celle du nombre, à chaque mot, à chaque lettre de la langue.

La voie étant ainsi éclairée, ces deux valeurs jusqu'alors inconnues ont été bien faciles à trouver ; et une fois qu'on en a la clef, leur complète, leur rigoureuse exactitude est facile à vérifier. — Cette propriété extraordinaire de la langue hébraïque et qui la distingue entre toutes les autres, de posséder trois valeurs alphabétiques pour chacune de ses lettres est démontrée par tous les innombrables calculs que M. Martet n'a cessé de faire depuis trente ans, et elle sera confirmée par le témoignage de tous les hébraïsants qui voudront en faire l'étude et l'application sérieuse en se servant de la clef qui leur est aujourd'hui livrée pour la première fois par M. Martet.

Or cette clef, la voici : outre la valeur du nombre, connue de temps immémorial pour chaque lettre de la langue hébraïque, chacune d'elles possède encore deux autres valeurs constantes, qu'il a plu à M. l'abbé Martet de désigner (pour se conformer aux noms consacrés par les écritures) sous les noms respectifs de *poids* et de *mesure*.

L'alphabet hébreu se compose de 22 lettres.

Le *nombre* de chaque lettre est le chiffre qu'elle représente quand on écrit un nombre en lettres comme dans les chiffres romains.

La *mesure* est le chiffre qui indique le rang qu'occupe la lettre dans l'alphabet : c'est la suite continue des nombres depuis 1 jusque 22.

Le *poids* est donné en supposant l'alphabet comme un levier suspendu par son milieu, et en considérant chaque lettre également distante de la ligne mediane comme ayant le même poids. Par suite les chiffres représentant ces poids vont de 1 à 11 et de 11 à 1 : ainsi la première et la dernière lettre de l'alphabet, suivant cette dimension valent chacune 1 ; la seconde et la vingt-et-unième valent 2; et ainsi de suite, la onzième et la douzième valant chacune 11 (1).

(1) De ces vingt-deux lettres, on observera que les dix premières suivent pour leur appréciation numérique dans les trois dimensions la progression arithmétique dont la raison est l'unité. Ainsi dans les trois dimensions la première lettre de l'alphabet vaut 1, la seconde vaut 2, la troisième vaut 3, et ainsi de suite jusqu'à la dixième qui vaut 10. — Mais à partir de la onzième lettre chacune de ces dimensions suit une progression différente.

Tout le monde sait que pour le *nombre*, à partir de la onzième lettre de l'alphabet et jusqu'à la dix-neuvième, ces lettres augmentent de valeur dans une proportion dont la raison est 10. Ainsi la onzième lettre vaut 20, la douzième 30, la treizième 40 et ainsi de suite jusqu'à la dix-neuvième qui vaut 100. Enfin pour les trois dernières lettres la progression est 100 :

Pourquoi, dira-t-on, M. l'abbé Martet s'est-il ingénié à trouver toutes ces nouvelles valeurs des caractères et des expressions hébraïques ?

Précisément afin de pouvoir établir un moyen de contrôle sévère sur le sens que l'on doit attacher à chaque expression des textes sacrés. De même qu'en mathématiques on peut faire la preuve de chaque opération : de l'addition, de la soustraction, de la multiplication par une opération nouvelle, de même ces nouvelles valeurs permettent de vérifier par des *preuves* et des *contre-épreuves* la portée réelle de chaque expression hébraïque. Si le sens qui lui est attribué est inexact, la contre-épreuve conduira à l'absurde ; s'il est exact, on en aura la confirmation répétée de cent manières différentes, développée et quelquefois glorifiée jusqu'au sublime.

Suivons l'inventeur dans les premières expériences qu'il a faites avec ce nouvel instrument ; et pour les bien comprendre, ayons sous les yeux le tableau ci-joint qu'il a intitulé :

ainsi la vingtième lettre vaut 200, la vingt-et-unième 300 et enfin la vingt-deuxième vaut 400.

Pour la dimension de *mesure*, la progression de la valeur des lettres reste constante de 11 à 22 ; c'est-à-dire que de même que la première valait 1, la vingt-deuxième vaut 22.

Pour le *poids*, la progression, en restant toujours arithmétique, part des deux extrêmes en remontant par unités vers le centre. Ainsi la onzième et la douzième lettres valent chacune 11, la treizième vaut 10, la quatorzième 9, et ainsi de suite en diminuant jusqu'à la dernière qui vaut 1 comme la première.

Tres valores linguæ hebraicæ

et dans lequel les vingt-deux lettres de la langue hébraïque étant rangées dans leur ordre naturel, sur une seule ligne horizontale, ont respectivement au-dessous d'elles, rangés de même sur trois lignes horizontales, les chiffres qui représentent leurs trois dimensions, étagés dans l'ordre suivant : *nombre*, *valeur* et *poids* (Voir à l'appendice).

Dès qu'il eut formé ce tableau, il eut la curiosité de savoir ce qu'il contenait de chiffres, et il trouva qu'il y en avait précisément *cent*, dont *vingt et un* zéros et *soixante-dix-neuf chiffres* ayant valeur absolue.

Ce nombre 79 fixant d'abord son attention, il chercha ce qu'il pouvait signifier. Il reconnut que c'était la valeur complexe du mot בן *Ben* (*filius*), qui veut dire *le fils*. Effectivement, les trois valeurs simples de ce mot hébreu étant pour le nombre 52, pour la mesure 16, pour le poids 11; 52+16+11=79. Mais d'autre part il exprimait le nombre des chiffres effectifs représentant sous leurs trois dimensions les vingt-deux lettres de l'alphabet. — Il s'ensuivait donc que la langue hébraïque dans sa synthèse s'identifiait avec le fils. *Filius est verbum.*

Ceci n'était-il qu'une simple coïncidence, ou bien fallait-il y voir un sens?

Pour s'en assurer, il chercha ce que voulait dire le nombre 100 qui représentait précisément les 79 chiffres effectifs et les 21 zéros qui n'avaient aucune valeur, et à son profond étonnement, il trouva le nom de Jéhova (Dieu). Il s'ensuivait donc que ces 79 chiffres effectifs étaient les mêmes et s'identifiaient avec Dieu lui-même aussi bien qu'avec le fils.

Cette contre-épreuve devenait saisissante : ainsi, aux deux premières questions que sa curiosité avait posées à la langue hébraïque en l'interrogeant avec le nouvel instrument (c'est-à-dire par les trois dimensions ou valeurs alphabétiques), elle avait répondu avec une netteté, une précision, un à-propos foudroyants.

Le fait est qu'elle répondait en même temps à une autre question qu'on ne lui avait pas encore posée. Car des deux équations 79=Deus et 79=filius, résulte cette troisième équation Deus=filius : c'est-à-dire l'affirmation de la parfaite égalité entre le père et le fils.

On comprend que la curiosité du linguiste et du théologien ne lui permît pas de s'arrêter en si beau chemin; et, plus questionneur que jamais, il voulut savoir ce que pourrait donner la valeur absolue de ces 79 chiffres (le zéro n'ayant pas de valeur). Cette valeur était représentée par le nombre 305. Nouvel étonnement! La traduction hébraïque de ce nombre 305, en le considérant toujours comme nombre complexe, est מֵהָעוֹלָם ab æterno. Et s'il avait pu encore conserver quelque doute, la juxta-position de ces trois sommes (sans sortir des étroites limites de l'alphabet), 79, 100, 305, lui donnait littéralement *filius dei* (*ou deus*) *ab æterno*. C'était en réponse à une autre question qu'il n'avait pas même songé à faire, la constatation de *l'éternité du fils*.

Comme si toutes les concordances devaient l'accabler dans cette première expérience. Il reconnaissait avec un étonnnement toujours croissant que si 100 est le nombre des caractères qui composent les trois valeurs alphabétiques : c'est aussi le nombre que l'on emploie pour l'analyse de l'atmosphère qui contient 79 d'oxygène et 21 d'azote. Or le premier gaz est le principe de la vie, le second signifie privé de vie. Et de même dans l'atmosphère spirituelle 79 représente le fils, principe de la vie : *Ego sum vita*, et 21 représente les 21 zéros qui n'ont aucune valeur par eux-mêmes.

Avec l'application du système découvert par M. l'abbé Martet, système reposant sur une *loi générale*, il ne sera plus permis à l'incrédulité d'opposer à la science des théologiens cette objection : « qu'il est facile de faire dire tout ce que l'on veut à la langue hébraïque. » C'est donc un véritable service qu'il a rendu aux hébraïsants et à la linguistique hébraïque, en faisant de celle-ci une science positive.

Le procédé de M. Martet peut se résumer ainsi : toutes les fois qu'il se trouve en présence d'une expression hébraïque, il s'empresse de la représenter par des chiffres, c'est-à-dire de faire la somme de ses valeurs alphabétiques suivant chacune de leurs trois dimensions. Il obtient ainsi trois nombres simples :

1° Valeur du *nombre;*

2° Valeur de la *mesure;*

3° Valeur du *poids;*

Il prend ensuite ces sommes deux à deux, ce qui lui donne :

4° Le système combiné de nombre et de mesure;

5° Le système combiné de nombre et de poids;

6° Le système combiné de poids et de mesure;

7° La somme de ces trois dimensions prises ensemble, ce qu'il appelle le *nombre complexe;*

8° Et enfin, il cherche ce qu'il appelle le nombre *calculé* ou transcendantal, qu'il obtient par un procédé un peu lent, mais invariable, en combinant toutes les opérations que nous venons d'indiquer et en n'employant toujours que les quatre règles de l'arithmétique. C'est ce nombre *calculé* qui est le plus souvent fécond en magnifiques résultats.

Dès lors qu'en faisant ces calculs on les applique également, invariablement, à toutes les expressions hébraïques suivant des lois inflexibles, il est évident qu'on suit un procédé parfaitement rationnel et légitime.

Si les lois sur lesquelles reposent ces calculs sont imaginaires, elles mèneront à l'absurde. Si au contraire leur application conduit *toujours, toujours* à la lumière, à l'harmonie, à des preuves nouvelles des vérités connues, c'est qu'elles sont fondées sur la vérité. C'est un instrument.

Avec une persistance qui l'honore, le digne abbé, décidé à grouper ses chiffres de toutes les façons, réunit ces deux sommes 79 et 100, qui représentent le fils et le père ; et par un prodige plus étonnant encore que les précédents, le nombre qu'il obtient ainsi appartient au grand nom de Dieu Aélohim, avec l'article : c'est-à-dire *le Dieu*, le Dieu par excellence, tandis que le nombre 100 ne portait que celui de Jéhova.

Effectivement le mot הָאֱלֹהִים Aélohim=179, d'après la même loi que nous avons suivie jusqu'à présent, c'est-à-dire en cherchant son nombre complexe par l'addition de ses trois dimensions.

Observons qu'on ne peut obtenir ce grand nom d'Aélohim qu'en passant par le nombre 79 qui est le nom du fils. Il s'ensuit donc que Dieu n'est complet, n'est tout à fait lui-même que par l'adjonction du *fils*.

Enfin pour dernière épreuve, il jette à la sybille, si on ose employer une métaphore aussi profane en pareille matière, les deux sommes réunies 179+305=484. Eh bien ! la traduction hébraïque de ce nombre (d'après la même loi complexe) est le nom même du firmament הָרָקִיעַ

Notez que 484 n'est autre chose que le carré de 22. Or, nous savons que 22 est la somme des lettres de l'alphabet hébraïque : c'est par conséquent la plus simple expression de cette langue; c'est cette langue elle-même réduite à sa dimension de *mesure*, au verbum pur et simple. Or, nous avons prouvé que le verbum s'identifie avec le *fils*. Le firmament n'est donc autre chose que la deuxième puissance du fils : c'est le fils multiplié par le père, le père et le fils étant égaux. Que l'on veuille bien se rappeler ce que nous avons trouvé pour le grand nom d'Aélohim; et l'imagination reste confondue de l'exactitude *mathématique* de ces concordances ainsi formulées :

Dieu n'est complet que par l'adjonction du fils.

Le firmament n'est complet qu'en multipliant le fils par le père. Enfin l'équation 484=179+305, qui se traduit par firmamentum=Deus ab æterno, est au moins curieuse en nous apprenant que le *firmament* contient Dieu de toute éternité.

J'allais oublier de dire que M. l'abbé Martet ne manqua pas de faire aussi les sommes contenues dans les trois colonnes horizontales en les additionnant dans le sens ordinaire; c'est-à-dire en tenant compte des unités, dizaines, centaines... de tous les nombres qui s'y trouvent compris. La première colonne horizontale avait donné. 1495
la seconde. 253
et enfin la troisième 132
Ces nombres réunis donnaient un
total de 1880
dont il fut longtemps à chercher le sens.

Ce sens, plus magnifique encore que tout ce que nous venons de voir, il ne le trouva que lorsqu'il eut découvert : étant donné une expression hébraïque quelconque, le procédé pour obtenir son *nombre calculé*, en appelant ainsi le résultat d'une opération assez lente, mais très-simple, dans laquelle les trois valeurs alphabétiques des caractères hébraïques de cette expression entrent, *d'une manière invariable*, avec toutes les combinaisons possibles d'addition, de soustraction, de multiplication et de division. On trouvera l'explication de ce procédé dans l'appendix à la fin de ce volume, et nous avons choisi pour exemples les deux mots hébreux qui correspondent à *investigare* et à Jéhova.

On verra que celui de Jéhova donne pour nombre calculé 416.

Ce fut alors que M. Martet reconnut que ce chiffre de 1880 n'était autre chose que la somme des trois nombres 913+551+416, ou bien encore la somme des deux nombres 1039+841.

Or 913 est le nombre calculé du mot Jésus.
551 est le nombre calculé du mot Verbe דָבָר
416 est le nombre calculé du mot Jéhova יְהֹוָה
1039 est le nombre calculé du mot signaculum (sceau). חותָם
841 est le nombre calculé du mot libri (Livre). כְבֵר

La réunion de ces trois équations avec leur traduction hébraïque nous donne donc :

913+551+416=1880=1039+841

Jesus verbum dei *signaculum libri.*

Jésus le verbe de Dieu est le sceau de ce livre.

Voilà donc une double et parfaite sanction à l'intégrité, à l'authenticité des trois dimensions de la langue hébraïque : puisque 1° ce chiffre de 1880 n'est obtenu qu'en absorbant la totalité, la perfection des valeurs fournies par les trois dimensions de mesure, nombre et poids attachées aux vingt-deux caractères de la langue hébraïque ; et 2° puisque, par une traduction qui n'est point arbitraire, car elle est dictée par une règle inflexible et mathématique, ce chiffre résume une légende qui nous déclare solennellement que *Jésus le verbe de Dieu est le sceau du livre* désormais fermé de cette langue.

Ces nombreuses et saisissantes coïncidences dans un si petit rayon auraient déjà de quoi nous étonner en ramenant toujours les mêmes concordances. Mais quand paraîtra le livre de M. l'abbé Martet, on verra que c'est par centaines, par milliers, par centaines de mille qu'elles s'échappent de ses chiffres, avec l'inflexible régularité de l'algèbre. Songez à la quantité de calculs que peut produire pendant trente ans un pauvre solitaire qui n'a pas d'autre occupation, d'autre distraction dans sa cellule. On en remplirait des in-folios.

Et de même que les vagues de la mer rejettent toujours au rivage le même murmure, de même les chiffres de la langue hébraïque nous rejettent toujours la même affirmation; *Jesus Deus, Jesus verbum dei. Jesus sapientia domini.*

Il ne faut pas croire que M. l'abbé Martet ait conquis tout le terrain que nous venons de parcourir sans rencontrer des contradicteurs. Ceux-ci n'ont reculé que pas à pas; d'autres moins tolérants l'ont condamné, le condamnent encore sans l'entendre, sans vouloir même examiner ses chiffres. Mais il a pour lui le temps, la curiosité, l'expérience et surtout la vérité; car plus on essaiera ses procédés, plus on sera frappé des concordances entre les résultats nouveaux et les vérités anciennes.

« Comme c'est depuis vingt-six ans, écrivait-il le « 26 octobre 1866, que je me livre à l'étude de l'hé-« breu, avec un désir insatiable d'en pénétrer les « secrets, avec l'intime persuasion d'y trouver ren-« fermés les trésors les plus précieux de la vérité et « de la sagesse éternelle, j'ai paru à plusieurs de « ceux qui me connaissent, mériter le reproche d'un « esprit opiniâtre, ou peut-être exalté. J'ai laissé « dire et j'ai continué mon travail, sans jamais « blesser l'obéissance due à mes supérieurs ecclé-« siastiques. »

On a vu par ce qui précède que cette persévérance avait été récompensée. Il avait maintenant la preuve que son inspiration ne l'avait pas trompé : la langue hébraïque n'était point l'œuvre des hommes, puisqu'elle a été composée en vue de faire ressortir à chaque combinaison de ses lettres et de ses chiffres, soit le nom de Dieu, soit le nom de son fils, ou bien leurs attributs respectifs, ou encore les mystères de la rédemption et de l'incarnation.

Il pouvait déjà conclure de ce qu'il avait trouvé que dans les lettres et dans les chiffres de cette langue sont contenues et cachées une foule d'inscriptions, qui ressortent de ces lettres et de ces chiffres spontanément, c'est-à-dire sans l'intervention préalable du travail de l'homme : le rôle de l'homme se bornant à les chercher, à les lire, à les constater. Ces inscriptions ont précédé, si ce n'est de toute éternité, au moins de toute la période historique avant Moïse, les Écritures sacrées ; et cependant elles concordent admirablement avec elles. Nous verrons tout à l'heure que ce n'est qu'à l'aide de ces écritures qu'on peut les découvrir.

Les limites de ce travail ne nous permettent pas de refaire, à la suite de ce Galilée chrétien, les innombrables calculs auxquels il s'est livré pendant trente ans de sa vie ; ni même de le suivre dans les tentatives presque toujours heureuses qu'il a faites pour arracher à la langue de Dieu, à la langue hébraïque, ses secrets plus nombreux que les sables de la mer, que les étoiles du ciel. Du reste la matière qu'il a traitée est inépuisable, infinie. Malgré sa vie d'anachorète, consacrée tout entière à l'étudier, M. l'abbé Martet l'a à peine effleurée : il a bien ouvert quelques perspectives lumineuses, mais il n'a fait que tracer la voie dans laquelle les générations vont le suivre; et les générations y passeront tout entières sans pouvoir en atteindre le terme, parce qu'à Dieu seul doit appartenir la science infinie.

Nous nous bornerons donc à tourner quelques feuillets, parmi ceux qui nous semblent présenter le plus d'intérêt pour la religion et pour la science, dans ce livre étonnant que l'on pourrait appeler sans exagération le *Dictionnaire des inscriptions de la langue hébraïque*. Nous choisirons de préférence ceux qui se rattachent au touchant mystère de la Rédemption par l'incarnation du fils de Dieu, d'abord en raison de leur sublimité même, et aussi parce qu'ils sont peut-être destinés à marquer le commencement d'une nouvelle ère dans l'histoire du monde par le rapprochement progressif de la grande famille israélite qui s'absorbera tôt ou tard dans le sein de l'Église chétienne.

Comment en effet les Israélites, les Hébreux d'aujourd'hui résisteraient-ils à la parole de Dieu, leur parlant dans leur propre langue, et non par la bouche des hommes, mais par des voix spontanées, des voix intérieures qui sortent de leurs propres livres, de même que les notes harmonieuses sortent des harpes éoliennes quand s'élève la brise du soir.

Effectivement, si le fait de la présence cachée, mais parfaitement saisissable, de ces inscriptions dans les chiffres et dans les lettres de la langue hébraïque, est une fois démontrée, peut-on supposer que les Israélites, ce peuple si logique et si intelligent, se refuseraient plus longtemps à reconnaître leur Messie si longtemps attendu dans ce Jésus de Nazareth dont l'identité leur serait attestée par les livres mêmes dont ils ont gardé le dépôt inviolable avec tant de courage, de constance et de fidélité à travers de si longues épreuves.

Pour bien comprendre ce qui va suivre, nous serons obligés de nous rappeler ce fait que nous avons déjà constaté : à savoir que dans chaque mot de la langue hébraïque, chaque lettre est un chiffre qui s'additionne dans le même mot avec le chiffre de la lettre suivante, de sorte que la somme totale représente le mot de la même manière que chaque lettre était représentée par son propre chiffre.

Un mot étant donné, rien donc de plus facile que de trouver la somme qui le représente puisqu'il suffit de prendre le chiffre de chacune de ses lettres et de faire la somme de ces chiffres partiels. Mais la réciproque n'est plus vraie: étant donné un nombre, il est à peu près impossible de trouver avec certitude le mot hébraïque qu'il représente, attendu qu'une même somme peut généralement se former d'une foule de manières différentes. Ainsi vous obtiendrez le nombre 9 en groupant ensemble 5 et 4, ou 6 et 3, ou 2 et 7, ou 8 et 1. — Plus le nombre sera grand, plus les combinaisons se multiplieront.

Il n'y a qu'une seule hypothèse dans laquelle cette difficulté insurmontable disparaisse: c'est celle où les chiffres de ce nombre, en se rangeant d'eux-mêmes par les lettres qu'ils représentent, selon toutes les règles de l'orthographe, de la syntaxe et de la grammaire hébraïque, nous donnent par la simple lecture le nom ou le mot cherché ! On peut dire, presque sans métaphore, qu'il faut que ce nombre porte son nom écrit sur son front. Mais ceci est très-rare.

De cette impossibilité de reconnaître avec certitude les mots quand on ne possédait que des nombres, il est résulté que pendant tout le cours des siècles, on n'avait fait aucun progrès à ce point de vue de la linguistique hébraïque. Les chiffres attachés à chaque mot restaient sans objet, sans utilité apparente. C'était le grand obstacle contre lequel étaient venus se briser tous les chercheurs qui avaient précédé M. l'abbé Martet. — Et cependant, puisque le créateur, comme il nous l'a assuré lui-même par les saintes écritures, a disposé toutes choses avec mesure, avec nombre et avec poids (mensura, numero et pondere) il était évident que ce n'était pas sans motif, sans une raison prépondérante, qu'il avait donné exceptionnellement, exclusivement à la langue hébraïque cette nomenclature si rigoureusement mesurée et chiffrée. Il était même évident que ces chiffres étaient la clef de sa langue. Mais cette clef comment s'en servir?

A force de patience et de génie, un pauvre prêtre français, d'une simplicité et d'une candeur presque enfantine sous tous les rapports, excepté ceux de la linguistique hébraïque et des sciences mathématiques, a trouvé ce que l'on cherchait depuis le commencement du monde. Ou plutôt, ayons le courage d'être vrai, et de dire notre pensée tout entière : c'est une véritable inspiration d'en haut, et il a plu à Dieu de nous accorder ce nouveau secours, devenu peut-être nécessaire, pour raffermir notre foi chancelante, par l'intermédiaire d'un homme qui avait pour principale recommandation à ses yeux d'être simple et humble de cœur.

Cet homme s'est dit : chaque mot de la langue hébraïque est une pièce qui porte un numéro; or ce numéro n'a pas pu lui avoir été donné sans motif : il doit donc servir à marquer la place du mot dans un ou plusieurs textes, légendes ou inscriptions, numérotés de la même manière. La difficulté est de reconnaître l'inscription et la place?

L'idée la plus simple, celle qui s'est présentée la première à M. l'abbé Martet, c'est que les mots portant le même numéro appartenaient à la même inscription. C'est ainsi qu'il a trouvé la loi qu'il cherchait : celle qui unit les nombres avec les mots, de manière à donner aux mots un sens, ou pour être plus correct, une *direction déterminée par les nombres*. Cette loi repose sur une simple équation : Tous les *mots hébreux* dont les lettres-chiffres produisent *une somme égale*, forment comme une chaîne flexible mais indissoluble, dont tous les anneaux sont rivés les uns aux autres par une affinité, par une direction commune, quelque chose comme la puissance de l'aimant sur le fer. — Tous ces mots marqués au *même chiffre* sont comme l'équipage, numéroté par le même bouton, du même navire, embarqué pour le même voyage, obligé de poursuivre la même route et d'obéir au même capitaine. Il ne s'agit que de connaître le capitaine et le but du voyage, et chaque homme de l'équipage viendra, quand vous en aurez besoin, à son poste de manœuvre, au premier sifflet du contre-maître.

Expliquons nous : parmi tous ces mots marqués au même chiffre, il en est toujours *un* qui se distingue des autres parce qu'il est, ou qu'il contient à lui seul *l'objectif commun*, l'idée dominante, dont tous les autres mots de la même série ne sont que les satellites ; dont ces mots ne servent qu'à raconter l'histoire, à exposer l'origine et le but, le commencement et la fin, à caractériser tous les attributs, à signaler toutes les conditions de temps, de lieu, de durée, à calculer au besoin *le mouvement et la distance avec les formules mathématiques les plus rigoureuses et les plus exactes.*

La série des mots de même somme, c'est-à-dire dont les *lettres-chiffres* donnent en les additionnant le même total, est en réalité une équation dont le mot qui constitue l'objectif est le premier membre, et dont le second membre se compose de tous les autres termes, qui peuvent y entrer avec un coefficient plus ou moins considérable, mais dont *pas un ne doit manquer à l'appel.*

En supposant cette loi exacte, et en restant fidèle à la métaphore que nous avons employée, il resterait encore à trouver : 1° le capitaine du navire, 2° le contrôle, c'est-à-dire la liste nominative, de cet équipage qui doit être toujours au complet ; et enfin la manière de donner les coups de sifflet nécessaires pour appeler chaque homme à son poste. — En d'autres termes comment s'y prendra-t-on : 1° pour dégager le mot qui contient l'objectif de la série ? 2° pour connaître exactement *tous les mots* qui en font partie ; 3° et enfin pour les arranger dans l'ordre qui doit donner à cet objectif son explication, sa portée et son complet développement.

Comme il y a souvent dans la nomenclature hébraïque plusieurs centaines de mots marqués au *même nombre*, c'est-à-dire dont les *lettres-chiffres* donnent le même total, et que le nombre de ces mots pourrait varier avec des besoins nouveaux ou des idées nouvelles, il semblerait que cette recherche de *tous les mots* appartenant à une même série soit absurde en elle-même, ou au moins presque toujours impraticable. — Cette recherche serait effectivement absurde et impossible si ces mots n'étaient pas éternellement contenus dans les mêmes limites parfaitement tracées.

Mais la langue hébraïque ayant été créée par Dieu pour *prédire*, *affirmer* et *expliquer* les *écritures sacrées*, les mots composant chaque série ne doivent être cherchés, au point de vue des inscriptions, que *dans les livres saints qui ont été écrits en langue hébraïque*. Leur nombre est donc *strictement et éternellement* limité. Pour les trouver et les cataloguer, il ne faut que de la patience, beaucoup de patience. M. l'abbé Martet a déjà classé bon nombre de séries, et avec le temps toutes les séries pourront être cataloguées par ordre alphabétique, ce qui simplifiera tout à fait cette première recherche.

Il est et il sera souvent plus difficile de trouver *l'objectif* de la série. Sous ce rapport il y a encore énormément à découvrir. Ce sera souvent une question de jugement, d'appréciation, de tâtonnement peut-être même *d'inspiration*, mais d'inspiration profondément religieuse et en parfaite harmonie avec la religion *révélée*. Il est inutile d'essayer un mot qui ne réponde pas parfaitement à quelque grande idée se rattachant à la divinité ou à l'humanité, à la création, à la révélation ou à la rédemption. Rien ne s'oppose à ce que la même série ait plusieurs objectifs : ainsi l'on verra plus loin que la série de 150 en a au moins deux. — *La Vierge* et *la Rédemption* :

Quant à la question de l'arrangement des mots, elle semble à première vue hérissée de tant de difficultés, et devoir exiger tant de tâtonnements et de tels efforts de patience et d'abnégation qu'il y a là de quoi effrayer l'amateur le plus curieux et le chercheur le plus obstiné des secrets de la linguistique. Effectivement les séries se composant souvent de plus de 300 ou 400 mots, on entrevoit avec stupeur la nécessité d'essayer successivement l'une après l'autre toutes les combinaisons possibles avec *tous* ces mots employés *simultanément*, combinaisons dont le nombre est indiqué par la formule du binome de Newton. — Et même cette formule se trouverait encore au-dessous du vrai, puisque dans les inscriptions cherchées le même mot reparaît souvent plusieurs fois. Ainsi même cette lointaine limite se trouverait dépassée.

Fort heureusement, il y a dans ce dédale quelques fils conducteurs; et, dans cette masse de combinaisons, des moyens d'élimination anticipée qui facilitent le travail au point de le rendre possible.

1° La langue hébraïque pure étant parfaite et ne pouvant admettre la moindre incorrection de grammaire ou de style (1), il est inutile d'essayer une

(1) Ceci ne veut nullement dire que la langue hébraïque qui depuis la plus haute antiquité n'a pas cessé d'être une langue vivante, c'est-à-dire un instrument entre les mains des hommes, et par conséquent d'être assujettie à tous leurs caprices et à toutes leurs variations, n'ait pas subi dans le cours des siècles bien des modifications, bien des corruptions, bien des interpolations qui ont souvent profondément altéré le type primitif. Mais pas une de ces modifications n'a pu se produire sans en fausser l'ordonnance et l'harmonie. Il s'en suit donc

combinaison dont les mots ne se suivent pas de manière à donner à première vue un sens raisonnable et une phrase parfaitement irréprochable au point de vue de la correction grammaticale.

2° La langue hébraïque ayant été créée spécialement pour illustrer les saintes écritures, et pour témoigner à l'appui des grandes vérités de la religion, il est inutile de chercher des inscriptions dans un autre ordre d'idées, dans un autre sens que celui qui nous a été révélé dans les textes sacrés. C'est en s'aidant du fil conducteur des traditions contenues dans ces mêmes textes sacrés dont la nomenclature a précisément fourni les mots qu'il s'agit de classer, que l'on arrive, et quelque fois très-rapidement, à découvrir les inscriptions cherchées. C'est en s'éclairant de la lumière de la foi que M. l'abbé Martet a obtenu des résultats souvent immédiats.

Hâtons-nous d'ajouter, cependant, pour lui conserver son mérite de patience à toute épreuve, qu'il y a des solutions qu'il n'a obtenues que par la pénible loi des combinaisons successives et par des prodiges de persévérance. C'était le travail de Sysiphe : presque toujours quand il se croyait près d'aboutir,

que quand il s'agit de recherches à faire sur la langue hébraïque, et de conclusions à tirer de sa construction, de son alphabet et de sa numération, il faut toujours s'assurer avant tout que le texte que l'on consulte appartient à la langue hébraïque pure, en prenant pour type la nomenclature des textes sacrés.

c'était quelque mot qui ne satisfaisait pas à l'équation, ou un mot de la série qui manquait à l'appel : dès-lors il y avait erreur et tout était à recommencer.

Il y avait là de quoi désespérer une âme moins fortement trempée. Heureusement les consolations sont arrivées en temps utile pour le soutenir; consolations si abondantes qu'elles lui ont fait vite oublier le sacrifice de toutes ses belles années consumées dans ce travail ingrat. Quelquefois les mots hébraïques, ces fragments épars provenant, si l'on peut s'exprimer ainsi, de la démolition des écritures sacrées, viennent, sans que le digne abbé les dirige, se ranger sous sa main pour constituer un monument nouveau, aussi sublime que les monuments primitifs et reproduisant avec une concordance absolue tous leurs caractères généraux, tous leurs détails, toute leur harmonie.

On peut en juger par les deux magnifiques spécimens que nous mettons sous les yeux du lecteur.

1°

Il s'agit d'abord de la série des mots hébreux dont la valeur, au point de vue de la seule dimension du nombre, donne constamment l'équation de 150. Cette série contient exactement 159 *mots primitifs* tirés des textes saints; et leur arrangement, par suite de la répétition fréquente des mêmes mots, donne l'inscription que l'on va lire qui en contient 483.

Comment, dira-t-on, ce chiffre 159 est-il devenu 483? C'est parcequ'il a fallu faire manœuvrer les mêmes mots jusqu'à ce que *tous* les mots *primitifs* jusqu'au dernier eussent trouvé place dans l'inscription.

L'objectif de cette série est le mot hébreu qui signifie *la Vierge* ה עָ ל מ ה = Virgo,

5. 40. 30. 70. 5. = 150.

il faut faire observer que le mot vierge qui désigne une vierge quelconque ne donne pas 150. Ce n'est que lorsque ce mot est précédé de l'article : la Vierge, et qu'alors il ne peut désigner que la Mère de Notre-Seigneur, que cette expression donne le nombre 150. M. l'abbé Martet l'avait choisi à l'avance, convaincu par l'importance du rôle que la mère du Sauveur avait joué dans le mystère de la Rédemption, que ce mot ne pouvait avoir une autre place que celle de chef de série ; et comme par ses *lettres-chiffres* selon le *nombre*, il formait l'équation de 150, M. Martet se décida immédiatement à entreprendre la série correspondante à cette équation de 150.— Il obtint alors, avec une très-grande facilité, les mots venant pour ainsi dire se ranger d'eux-mêmes dans l'ordre où ils apparaissaient dans les écritures sacrées ; il obtint, disons nous, une espèce de cantique dans le genre de ceux de David qui donne en 14 strophes la description de la vie tout entière de Jésus-Christ, avec les plus minutieux détails, depuis sa naissance jusqu'à sa mort, depuis l'adoration des mages jusqu'à la mission des apôtres et à l'institution du sacrement de la communion (1).

Pour prouver son entière bonne foi et faciliter le contrôle de ceux qui voudraient critiquer ou apprécier sa découverte, le sincère abbé a fait imprimer cette inscription en un tableau de six colonnes qui contiennent pour chacun des 483 mots qui la composent.

1° L'indication du *livre* et du *verset* des écritures dont-il est livré ;

2° Ce mot hébreu lui-même écrit en caractères hébraïques ;

3° Les chiffres représentés par chacun de ces caractères ;

4° Leur somme en équation qui est invariablement 150.

5° Et enfin leur traduction en français.

On obtient ainsi (1) :

(1) Dans cette première inscription Dieu le Père a seul la parole : il raconte à l'avance l'histoire de la Rédemption comme si tous les faits étaient déjà accomplis.

(2) On sait que dans les textes sacrés mon *Orient* signifie toujours Jésus-Christ, le Messie.

PREMIÈRE STROPHE.

Ps. v, 31, 3.	מַלְכִין	50.10.20.30.40.	150	O Rois,
Ps. v, 18, 40.	קָמַי	10.40.100.	150	qui vous élevez contre moi,
Gen. 6, 14.	וּמִחוּץ	90.6.8.40.6.	150	et qui en dehors
Is. 65, 10.	לְעַמִּי	10.40.70.30.	150	de mon peuple
Sam. 28, 13.	עֹלִים	40.10.30.70.	150	montez
Ex. 21, 14.	מֵעִם	40.70.40.	150	de
Ps. 84, 4.	קֵן	50.100.	150	la caverne
Is. 34, 14.	צִיִּים	40.10.10.90.	150	des démons,
Cant. 2, 15.	כִּמְחַבְּלִים	40.10.30.2.8.40.20.	150	comme des corrupteurs,
Is. 5, 22.	לִמְסֹךְ	20.60.40.30.	150	pour confondre
Gen. 41, 51.	עֲמָלִי	10.30.40.70.	150	mon œuvre
Ps. 49, 9.	פִּדְיוֹן	50.6.10.4.80.	150	de la Rédemption,
Jér. 44, 25.	פִּיכֶם	40.20.10.80.	150	votre bouche
Prv. 16, 10.	יִמְעַל	30.70.40.10.	150	a prévariqué
Ds. 32, 2.	בְּלִקְחִי	10.8.100.30.2.	150	contre ma doctrine,
Zach. 3, 8.	בְּצִמְחִי	10.8.40.90.2.	150	contre mon *Orient*,
Is. 43, 15.	מַלְכְּכֶם	40.20.20.30.40.	150	votre Roi.

DEUXIÈME STROPHE.

Ex. 10, 23.	מֵעָלַי	10.30.70.40.	150	C'est pourquoi
Gen. 29, 31.	יָקָם	40.100.10.	150	ma fureur
D. 32, 27.	כַּעַס	60.70.20.	150	combattra
Ps. 123, 4.	לִגְאֵיוֹנִים	40.10.50.6.10.1.3.30.	150	contre les orgueilleux;
Jér. 31, 9.	אֲנִיאוֹבִילֵם	40.30.10.2.6.1.10.50.1.	150	je les rejetterai
Os. 13, 3.	כְּמֹץ	90.40.20.	150	comme cette paille légère
Am. 8, 6.	מַפַּל	30.80.40.	150	qui tombe
Ex. 22, 5.	הַקָּמָה	5.40.100.5.	150	au temps de la moisson
Is. 57, 6.	בְּחַלְּקֵי	10.100.30.8.2.	150	dans des brasiers
Ps. 102, 4.	מוֹקֵד	4.100.6.40.	150	dévorants
Is. 57, 6.	בְּחַלְּקֵי	10.100.30.8.2.	150	dans la région
Is. 34, 14.	צִיִּים	40.10.10.90.	150	des démons.

TROISIÈME STROPHE.

Is. 43, 15.	מלככם	40.20.20.30.40.	150	Votre Roi,
Ex. 10, 28.	מעלי	10.30.70.40.	150	qui procède de moi-même,
Eccl. 3, 5.	מחבק	100.2.8.40.	150	embrassant
Gen. 41, 51.	עמלי	10.30.40.70.	150	mon œuvre
Ps. 49, 9.	פדיון	50.6.10.4.80.	150	de la Rédemption,
Lév. 26, 41.	יכנע	70.50.20.10.	150	s'est humilié
Is. 49, 1.	למעי	10.70.40.30.	150	dans les entrailles
Is. 7, 14.	העלמה	5.40.30.70.5.	150	de la Vierge,
Is. 4, 6.	לצל	30.90.30.	150	sous l'ombre
Ex. 22, 5.	הקמה	5.40.100.5.	150	du chaume,
Job. 32, 12.	ועדיכם	40.20.10.4.70.6.	150	et il s'est abaissé
Lév. 26, 41.	יכנע	70.50.20.10.	150	jusqu'à vous.

4e STROPHE.

Car par sa voix — votre Roi, — sur le sein — de la Vierge, — suscita — les princes — de l'Éthiopie, — de la Perse — et de l'Orient ; — et il les fit accourir — dans des litières ; — et comme une lampe ardente — il les convoqua : — et pour les instruire, — il rassembla — comme docteurs — les princes — de mon temple, — faisant monter — les rois — jusqu'à l'ombre — du chaume, — jusqu'aux fondements — des rochers. — Et ils portaient — avec eux — de — leur propre droite — des présents (avec) (1) — des tiares — des aromates — sur des balances, — un bouclier — avec des flèches — pour défendre — la Vierge, — une chaussure — précieuse — et des bracelets — d'escarboucle, — pour votre beauté ; — une longue robe ; — un grand voile — propre à vous envelopper, — à protéger — vos yeux, — ô Vierge.

5e STROPHE.

Votre roi — s'humilia, — et il se joignit — comme pauvre — au dernier des hommes (2) — pour se présenter — dans le parvis — de mon temple.

6e STROPHE.

La fureur — de mes ennemis — s'éleva — comme la flamme — d'un incendie — de la part — des démons. — Et le chef — violent — de mon peuple — agit avec perfidie — contre mon germe ; — il le poursuivit — et il déploya sa

(1) Les mots entre parenthèse, comme ce mot *avec*, ne sont pas dans le texte. Ils sont ajoutés dans la traduction pour la rendre plus claire.

(2) Voyez dans les écritures ce qui concerne la présentation au temple.

cruauté — par des flèches pénétrantes — jusqu'aux alentours — de ma demeure. — Il fit un grand — massacre (1) — selon le temps indiqué — par les rois — suivant leurs paroles.

7e STROPHE.

Mais la Vierge — et Joseph (2)—mettant à couvert — leur espérance, — prévinrent — le crime; — et ils emportèrent — avec eux — dans leurs bras — leur enfant — votre Roi— jusqu'à *Memphis* — jusqu'aux peuples — éthiopiens. — Et les devins — qui faisaient leur confiance — furent humiliés — jusqu'aux fondements — des rochers. — L'indignation — du peuple — s'éleva — contre les superbes — auteurs des idoles, — les jeta dans l'épouvante. — Cependant la Vierge — recueillait — les épis tombés — de la moisson, — pour vous nourrir — de la pure farine — dans ces régions — de noirs infidèles, — ô vous qui êtes la rédemption de mon peuple.

8e STROPHE.

A mon signal — il les fit remonter — pour les établir — sous l'ombre—du chaume (3)—au pied des rochers,—loin du — nid — des bêtes cruelles — qui circulaient — aux alentours — de ma demeure; — et comme une lampe — allumée — en faveur de mon peuple, — il demeura — avec eux — jusqu'au temps marqué. — Et ostensiblement — il s'occupait — au travail — de ses propres — mains, — et il s'associait — au plus simple — du peuple — maniant — la hache—

(1) Trahison d'Hérode et massacre des innocents.

(2) On voit avec quelle précision dans cette équation de 150 tout se retrouve, même les noms propres — Joseph — Memphis — Ethiopiens.

(3) Etablissement à Nazareth.

des charpentiers. (1) Et la Vierge — et Joseph — étaient tout florissants — de consolations — à ses côtés; — ils étaient enflammés — des discours — de—leur fils—touchant les fondements — de la Rédemption. — Il priait — avec eux, — élevant — les mains — pour affermir — ceux qui sont rachetés. —Et à sa prière—il s'élevait aussitôt — vers le ciel — comme colonnes — de parfums. — Il se prosternait — au pied— des rochers — dans le secret — de son humble demeure, — semblable à — un feu ardent — et comme une lampe allumée — il relevait — leur espérance ; — il les excitait, — il opérait — avec eux — mon œuvre — de la Rédemption.— Il les nourrissait — d'une viande céleste — et il les soutenait — de sa droite. — Et pour leur enseigner — ma doctrine — il agissait sous la forme — d'un fils respectueux, — les faisant monter — comme une échelle — pour les placer — à ma droite.

9e STROPHE.

Au temps marqué — votre Roi — se leva — pour la prédication, — pour affirmer — la Rédemption — de mon — peuple. — Semblable — à un feu dévorant — il exerça ma vengeance — contre les hypocrites — princes — de leur peuple, — menaçant — de ma — colère — les superbes — qui s'avançaient — comme s'ils eussent été les colonnes — de mon temple, — se bâtissant une citadelle — sur des fondements — de pierre — pour l'affermir — comme l'échelle — de leur élévation, — et pour demeurer stables — dans les joies — qui faisaient leur espérance. — Et ils rêvaient —

(1) N'y a-t-il pas quelque chose de saisissant dans cette concordance qui fait que tous ces mots Vierge Joseph, Rédemption, hache, charpentier,.... sont tous marqués au coin de ce même nombre 150 qui les rive à la même série.

comme des sentences (1) — qui viendraient de moi — pour rétablir — mon temple — et ils recevaient — des présents — et ils opprimaient — leur peuple — jusqu'à accumuler — des trésors. — Et se ceignant — de leur colère, — ils étaient tout enflammés, — et ils frappaient — de leurs mains criminelles. — Comme docteurs — dans ma science, les princes — de mon temple — brûlaient du désir — de se tenir debout — à ma droite — avec la balance — pour composer — les parfums — à cause du revenu — du trésor. (2) — Et ils déposaient — la longue tunique, — et au dehors — en se produisant sur les places — ils prévenaient — mon œuvre, — et ils recevaient — les offrandes — donnant leur protection — au crime, — s'insurgeant contre moi — jusqu'à la fin — leur race — a péri — pour n'être plus mon peuple.

10e STROPHE.

Au temps marqué, — à la Pâque, — votre Roi — s'humilia — jusqu'à être suspendu — au *signe* — par les deux mains — Et il fut élevé — à mon *signe*. — Sur cette *balance* — il accomplit — mon œuvre — de la Rédemption. — Et par un grand cri — il ébranla les rochers, — les fit éclater ; — et il se joignit — aux peuples subjugués — par les démons — jusqu'aux fondements — des rochers (3).

11e STROPHE.

Votre Roi — ressuscita (4) — du milieu — des rochers, —

(1) Les prêtres hébreux rêvaient l'avénement d'un messie qui les enrichirait et non pas d'un messie qui prêcherait la pauvreté.

(2) Condamnation de leur désir de s'enrichir avec les offrandes consacrées aux cérémonies du culte.

(3) Descente de Jésus-Christ dans les limbes.

(4) Résurrection et ascension.

du sein — des enfers; — il fit — son *ascension* — pour demeurer — à ma droite — jusqu'à l'accomplissement — de mon œuvre.

12° STROPHE.

Votre Roi — réunit — les parfums — dans son encensoir; — de sa droite — il les fit monter — comme une colonne — sur un brasier — ardent. — Et par sa prière — il intercéda — pour affermir — la Rédemption; — et pour exercer ses miséricordes — envers ceux qui sont rachetés.

13° STROPHE.

Votre Roi — ayant apporté — la Rédemption — de ma part — à l'homme insensé (1 — et coupable (ou bien à l'opprimé? établit — un refuge — pour mon peuple, — pour ceux qui sont droits — d'entre le peuple, — et pour celui qui exerce la miséricorde. — Car en dehors — de mon peuple, — ceux qui s'insurgent contre moi — périront (disparaîtront?) — Et le pécheur — vous saisira, — ô Vierge, — vous le refuge (2) — et comme la lumière — de l'insensé; — il s'humiliera (3) — en embrassant — la Rédemption — et il s'unira — à mon peuple; — et avec des gémissements — il suppliera — en élevant les mains — vers mon signe; — et ceux qui le maltraitaient, — les démons, — seront éloignés — de ses côtés; — et ceux qui sont rachetés — fleuriront — dans les délices — et comme dans un paradis. — Et ils espèreront, — et fortifiés — par leur espérance — ils seront pleins d'ardeur — en

(1) Le mot hébreu a les deux significations.

(2) Prédiction du rôle assigné à la Vierge par le Nouveau Testament.

(3) *Il* se rapporte ici au pécheur.

montant — du milieu — des démons — pour demander — à ma droite. — Moi-même je les ferai accourir — à mon signe — en vous montrant — cette génération — comme votre peuple; — ô fils du prince — elle vous exaucera (réjouira? — en vous apportant — des présents — pour rétablir — votre temple, — pour vous nourrir — du pain des rois. — Et afin de les instruire — dans ma doctrine — le fils du prince — les nourrira (1), — au temps de la disette — dans des régions — arides. — Il opérera — le prodige — des pains — entre les mains — des princes — de ceux qui sont rachetés; (2) — il les nourrira — de son pain — pour les fortifier — et pour exercer ses miséricordes, — et ils blanchiront — leur robe; — et soutenus — de leur espérance, — ils seront étroitement unis — entre eux; — et ils fleuriront — dans les délices; — et ils en jouiront — et ils auront des visions — que je leur enverrai, — et ils fouleront aux pieds — les démons.

14e STROPHE.

Votre affliction, — ô Vierge — vient — de la part — de ceux qui s'élèvent contre moi. — Leur peuple — rempli d'hypocrites — princes — de mon temple — a prévariqué — contre ma doctrine, — *contre mon germe*. — Il sera puni, — i sera humilié, — selon votre sentence, — ô vous qui jugez — les orgueilleux. — Votre voix — sortira — de votre bouche — semblable — à un feu dévorant — qui exercera ma vengeance — et qui les dispersera — comme une paille — légère — dans les régions — les plus arides — et en dehors — de mon peuple — et de ceux qui vous reconnaissent — comme comme leur roi.

(1) Prédiction de l'institution de la communion.

(2) Les fidèles recevront la communion par l'intermédiaire des prêtres de la nouvelle loi.

Le deuxième inscription n'est pas moins remarquable que la première. Le pieux et savant abbé, dans une de ses méditations qui ont été pour lui si souvent fécondes, fut tout d'un coup frappé de cette pensée : que celui des attributs du tout-puissant qui a joué le plus grand rôle dans la création, *la sagesse éternelle*, ne pouvait manquer, dans la langue de la création, d'avoir une place proéminente, d'être comme un de ces phares qui projettent au loin la lumière. Le mot sagesse, en langue hébraïque, devait donc être nécessairement un objet de premier ordre.

Ce mot donnait l'équation de **73** qui convient à **218** termes dans les textes saints. En cherchant ce que cette équation pouvait donner, il fut tout étonné de trouver une inscription qui résumait la vie entière de la sainte Vierge, et qui précisait le rôle qu'elle devait jouer, tant dans le mystère de la Rédemption comme mère du Sauveur, que comme médiatrice par son intercession entre Dieu et les hommes à partir de l'établissement de la loi nouvelle.

Effectivement l'arrangement le plus naturel, et le seul possible au point de vue de la syntaxe hébraïque, de ces 218 mots donne le texte suivant qui se divise en deux parties : 1° un discours de la très-sainte Vierge, adressé aux hommes pour les ramener à Dieu et pour leur exposer les douleurs et les joies de sa vie mortelle; et 2° la réponse de Dieu le père, plein de tendresse pour la Vierge et de courroux pour ses ennemis. — Sur les 218 termes primitifs qui répondent à cette équation de 73, il y en a 101 qui composent le discours de la Vierge : les 117 autres appartiennent à la réponse de Dieu ; mais plusieurs des 101 de la première partie reparaissent dans la seconde.

Le livre de M. l'abbé Martet donne cette inscription comme toutes les autres, mot par mot, avec les caractères hébreux, les indications des textes d'où les mots sont extraits et la traduction en regard. Ne donnant qu'un compte rendu, j'ai cru pouvoir me dispenser pour l'impression de l'alinéa à chaque mot.

« Pécheurs — comprenez — la sagesse — comme le soleil — pour la vision ; — et vous justes — qui gémissez — et qui vivez — dans la louange — comprenez — ma douleur — qui transperce — mes entrailles.

« Comprenez — votre père — comme élevant — à son signe — le sage — et le prince — de la vie — pour — le glorifier — dans son temple, — et dans le temple, — parmi ses fondements, — il établit — comme une pierre — parfaitement éprouvée — le sage, — le prince — de la vie — transpercé — par le fer — sur son *signe*.

« Votre père — montrant — sa sagesse — parmi — les saints anges — lui donna — en récompense — pour sa dignité — la vie, — la sagesse — et l'intelligence, — et il l'établit — dans son temple — comme un froment — plein de vie, — et comme une victime — en faveur — des Galiléens — qui pleurent — et qui gémissent — dans le Seigneur; — et ceux qui le mangeront — comprendront — la vie, — la sagesse, — comme le soleil — pour la vision.

« O vous — qui êtes le sage — et le prince — de la vie, — du sein — de votre père — qui vous a introduit — dans son temple — comme dans le paradis — de la vie, — donnez — aux Galiléens — qui pleurent — et qui gémissent, — la récompense — de leurs gémissements, — et que leurs larmes — vous attendrissent; — et que les pauvres — de Galilée — mangent — leurs *hosties* (1) — *vivantes* — et le froment — qui donne — la vie — et en chantant — ses louanges (2) — nous vivrons — et nous — immolerons — des victimes — à sa Majesté — pour le glorifier — dans son temple.

« Et *ma douleur* — *m'est toujours* — *présente* : c'est le sage. — et le prince — de la vie — *crucifié*, — et comme étant sa mère, — je l'offrirai — en expiation; — et lui — me rémunérant — comme sa mère, — m'enrichira — des dons — de la colombe (3). — Il me donnera — pour récompense — la vie, — la sagesse — et l'intelligence.

La réponse de Dieu le père est remarquable par la précision : « Les prophètes — de la sagesse — et les bons — qui possèdent — la vie, — comprirent — la prophétesse — vraiment — sage — comme le paradis — de la vie, — comme le soleil — pour la vision.

« La prophétesse — fut douée — de la sagesse — par la colombe — et elle se réfugia — dans le vestibule — et dans le temple (4), — et le prince (des prêtres) (5), — plein de confiance — dans la Reine, — lui destina — un lieu de repos — assuré — dans son temple, — et il comprit — par révéla-

(1) Notez cette prédiction de la communion et quelle précision dans les détails.

(2) Ici elle s'associe aux pécheurs.

(3) Evidemment il est ici question du Saint-Esprit.

(4) Allusion à la première éducation de la Vierge qui effectivement fut élevée dans le temple.

(5) (Siméon).

tion — la prophétesse — et il espéra — dans le seigneur. Comme le soleil — produit — la vision, — ainsi elle enfanta — un petit enfant — plus sage — que tous les dieux, — vivants — le prince — de la vie — et de l'intelligence — qui voulut — croître — comme le jardin — des poiriers — de Galilée, — et ceux qui le mangeront — comprendront — la sagesse. — Que les Galiléens — donc — qui gémissent, — se gardent bien — de gémir — comme les pécheurs.

« Que la meule (1) — soit pour le mage — qui se confie — dans les (faux) Dieux ; — persécuteur impitoyable, — il a espéré — et il a su — réduire — à la poussière — les pauvres de Galilée — jusque dans — le vestibule — et dans le temple.

« La prophétesse — fut remplie — de sagesse — par la colombe. — Car celle-ci — a été envoyée — à la Reine — pour convertir — les pécheurs, — pour que vous donniez — la paix — à vos ennemis, — ô prophétesse, — en les délivrant — de la coupe — de leurs sacrifices, — afin de — faire reposer — les pauvres — de Galilée — dans votre région.

Nous avons égaré dans le cours de notre voyage la copie que nous avions prise de la dernière strophe de cette inscription. Mais cette strophe se retrouvera, avec le texte hébreu en regard, dans le livre de M. Martet. Nous nous rappelons seulement que dans le reste de cette allocution, Dieu le père donne un libre cours à sa justice vengeresse, en chargeant son fils de l'exécuter contre tous les impies.

Je ne sais si la profonde émotion que j'ai ressentie et que je ressens encore en lisant ces pages tout

(1) Le supplice de la meule.

imprégnées des parfums d'un autre âge, tient jusqu'à un certain point au milieu où j'en ai entendu la lecture pour la première fois. Mais je crois voir encore celui qui, comme un nouveau Moïse, avait fait jaillir de cette langue de granit, cette source de poésie primordiale. Je distingue, à la lueur des trois becs fumeux d'une lampe des catacombes, sa figure vénérable, ses longs cheveux gris, ses yeux d'une expression si douce et si sereine; j'entends la cadence un peu tremblante de sa voix à mesure qu'à chaque mot hébreu il oppose le groupe de mots français qui servent à le traduire. Il me semble en écoutant ces accents inspirés que je sens passer dans mes cheveux le souffle des premiers prophètes. Enfin, pour cadre à ce tableau où nous ne sommes que deux personnes, je vois une vraie cellule d'*anachorète*, avec un misérable grabat, deux ou trois tables des plus modestes, couvertes de livres et de manuscrits et qui servent à la fois de bureau et de bibliothèque. L'atmosphère est glaciale : le brasero n'a été allumé que quelques minutes dans la matinée; il est maintenant éteint, et après une longue journée d'étude passée ensemble, nous allons nous quitter à dix heures du soir, pour ne plus nous revoir peut-être dans ce monde, moi pour retourner en France, lui pour reprendre le patient labeur de toute sa vie, qu'il n'a interrompu que deux ou trois jours seulement pour m'initier à ses découvertes. Il est là depuis trente ans recueilli par le patronage de l'ambassade française dans le pauvre couvent de San-Claudio des Bourguignons qui appartient aujourd'hui à la France. Pendant trente ans il a vécu sur un modeste salaire de 1,700 fr. par an qu'il reçoit de la France pour certains services religieux fondés par les ducs de Bourgogne. Et loin de se plaindre, il se trouve heureux, jouissant profondément de ses recherches, ravi de ses découvertes, dont il attend avec impatience la publication, non pour lui, mais pour le bien de l'humanité. Il espère que bien des âmes pourront être tirées de l'agonie du doute par la production de preuves nouvelles.

Mais ces preuves que nous venons de signaler, résultant uniquement de la linguistique, suffiraient-elles pour ramener des générations profondément imbues de septicisme? Qui oserait l'espérer? dans ces psaumes inédits que nulle main humaine n'a tracés et qui sortent pour ainsi dire spontanément de la langue des premiers âges, on ne verrait probablement que l'artifice poétique d'un esprit ingénieux.

L'abbé Martet a prévu cette fin de non-recevoir, le refus obstiné ou dédaigneux de le suivre sur un terrain où tout le monde n'est pas en état de le comprendre, où quelques-uns essaieraient de le combattre. Il s'est décidé alors à marcher en avant et à attaquer ses adversaires sur leur propre terrain. Les incrédules d'aujourd'hui n'admettent plus d'autres preuves que les preuves matérielles ou mathématiques, des chiffres ou bien des formules algébriques,

— Eh bien! si rien n'est brutal comme un chiffre, si le chiffre défie tous les arguments, l'abbé Martet va prouver aux incrédules la vérité des textes sacrés: l'existence de *Dieu le Père*, l'existence de *Dieu le Fils*, la rédemption, la révélation, par les mathématiques appliquées avec leurs calculs les plus simples, mais avec leur exactitude la plus infinitésimale à la sphère céleste, à l'étude de l'astronomie.

M. l'abbé Martet a donné *toutes les formules astronomiques*, sans mettre en usage les lois qui règlent scientifiquement les mouvements des astres. Il lui suffit d'obtenir ce qu'il appelle les *nombres calculés* de quelques mots des Écritures, quelquefois d'un seul mot pour résoudre les problèmes les plus arides. Et pour obtenir ces nombres *calculés*, il n'emploie que les quatre régles de l'arithmétique. Par conséquent, quand on en connaît la clef, tout le monde peut vérifier ce genre d'opération.

Nous nous contenterons, pour le moment, d'en citer un seul exemple. Voici comment il est parvenu à l'équation du mouvement synodique de la lune.

Il prend dans les proverbes de Salomon (Prov. 25, v. 2) ces deux sentences : Gloria Dei est *celare* verbum, et gloria regum *investigare* sermonem. — Le mot *investigare* seul va lui donner ce qu'il cherche. Investigare, en hébreu, a pour nombre simple = 308; sa *mesure* = 47, son *poids* = 15; la somme de (*mesure et poids*) = 62. et son nombre complexe (*nombre, mesure et poids*) = 370, enfin son nombre calculé = 783, qui est la somme des nombres suivants :

$$783 = 184 + 182 + 280 + 92 + 45$$

Or ces derniers chiffres, juxtaposés, lui donnent le numérateur de la formule

$$\frac{1841822,809245}{62,370}$$

qui lui donne elle-même

29j, 5305885721500

mouvement synodique de la lune.

Quant au dénominateur, on voit qu'il se forme du nombre *mesure et poids* 62 et du nombre complexe 370 juxtaposés. De sorte que la formule elle-même n'est que le rapport du nombre *calculé* (développé) avec le nombre (mesure et poids) et le nombre complexe juxtaposés; et que le seul mot hébreu correspondant à *investigare*, par les valeurs de ses trois dimensions, a suffi pour donner à M. Martet tout ce dont il avait besoin, c'est-à-dire tous les chiffres du numérateur et tous les chiffres du dénominateur.

Comment a-t-il eu l'idée de décomposer le nombre 783 de cette manière. Parce que ces nombres partiels donnaient le texte hébreu : Laudate dominum et deum usque in æternum; et que 184 à lui seul veut dire *alleluia*. Qu'est-ce qui lui a donné l'idée que le mot *investigare* lui donnerait le mouvement d'un astre? C'est qu'il avait en hébreu le même nombre *calculé* que *ad luminaria.* (Moïse, chap. 1er, v. 15.)

On comprend que ne sachant pas un mot d'hébreu et n'étant qu'un très-médiocre mathématicien, je me contente de constater les résultats acquis et de copier les formules parmi lesquelles j'ai choisi en ignorant, c'est-à-dire en aveugle, au hasard, selon que j'étais plus ou moins attiré par la singularité d'une inscription ou d'un résultat.

C'est en s'appuyant sur les nombres fournis par les noms hébreux des trois astres qui nous intéressent le plus directement dans le système planétaire (la terre, le soleil et la lune) qu'il a fait sa première découverte astronomique : celle de *la loi du mouvement tropique de la terre*, moyennant une formule très-simple qui s'écrirait algébriquement $\frac{ab-cd}{bc}$, donnant pour dernier terme ou pour dernière expression mathématique la fraction

$$\frac{99711,115711}{273}$$

$$= 365\text{j}, 242291.981684981684981684...$$

ces six dernières décimales se reproduisent à l'infini. ou bien

$$= 365\text{j}, 5\text{h}, 48\text{m}, 54\text{s}, 0272.175824175824..........$$

Cette première découverte de M. l'abbé Martet a

déjà été publiée à Rome par le savant jésuite de Vico en l'année 1846.

Or, chose étrange dans cette formule, le *numérateur* 99711,145711 n'est autre chose que la déduction mathématique des quatre lettres du nom de *Jéhova* ; et de même au *dénominateur* le nombre 273 est encore une autre dérivation du même nom *Jéhova.* Ne semblerait-il pas que le créateur ait voulu marquer cette *loi du mouvement tropique de la terre* d'un double sceau pour la faire remonter jusqu'à lui.

Comme pour rendre ce fait plus saisissant encore, on remarquera plus tard que ce même nombre 99711,145711 va reparaître comme un *facteur commun* dans toutes les autres formules du même réseau. Dès lors, ce qui pourrait paraître l'effet du hasard prend le caractère d'un ordre de choses déterminé à l'avance, et il faudrait en conclure que Dieu a voulu mettre son cachet sur chacune des lois dont il est le principe.

Enfin il n'est plus possible de douter de l'intention suprême qui a coordonné tout cet ensemble de lois et de formules, en présence d'un nouvel incident plus étonnant que tous les autres et devant lequel l'imagination reste confondue. Cet incident le voici : ce même numérateur 99711,145711, lu en langue hébraïque, par la nouvelle loi des trois valeurs alphabétiques ; procédé parfaitement légitime puisqu'il s'applique inflexiblement à toutes les expressions hébraïques, fournit *cinq mots hébreux* dont la traduction exacte en langue latine est le texte suivant : *Pater filium suum unigenitum nomini suo consummavit.* Le père a immolé son fils unique à la gloire de son nom.

Notez que ceci est un fait de linguistique et de calcul dont l'assertion est facile à contrôler, et qui peut être vérifié par le premier hébraïsant venu, pourvu qu'il sache faire une addition.

2°

Si nous passons à une autre loi : celle de la précession des équinoxes, qui conduit à la connaissance du *jour* et de *l'année sidérale*, M. l'abbé Martet arrive par les mêmes procédés, pour la détermination du jour sidéral, *en temps moyen*, à une seule formule que voici :

$$\text{jour sidéral} = \frac{26001 \times 99711,145711}{(26001 \times 99711,145711) + (273 \times 26000)}$$

(A) — 0,99726967183.517036188792038712824726631103355.........

ou en heures = 23h, 56m, 4s, 099646.5587191.

M. l'abbé Martet a prouvé dans sa publication de 1846, que son résultat coïncidait avec la moyenne des trois principaux observatoires de l'Europe jusqu'à la 6e décimale de secondes inclusivement, ou bien jusqu'à la 11e décimale inclusivement de la série (A).

On voit que ce second mouvement et cette seconde formule sont dans une entière dépendance du premier mouvement et de la première formule; et l'on voit avec quelle persistance les deux cachets divins 273 et 99711, 145711 reparaissent dans cette formule tant au numérateur qu'au dénominateur; et ce dernier cachet qui comporte la longue légende relative à la Rédemption : *Pater filium suum unigenitum nomini suo consummavit*, reparaît dans les deux termes à la fois.

Si cette concordance est un pur effet du hazard, il sera bien étonnant si elle se reproduit encore dans une troisième loi et dans un troisième mouvement.

3°

Or le principe du[1] *mouvement annuel sidéral* reposant sur la loi de précession, M. l'abbé Martet a cherché la formule la plus simple de cette dernière loi; et cette formule à son dernier terme mathématique se présente sous cette forme A

$$A = \frac{99{,}711145711}{7098}$$

$$A = 0{,}0140477084.608340377571$$

$$A = 20m,\ 13s,\ 72823.$$

Mais nous ne sommes pas au bout de ces hasards prodigieux ou de ces concordances merveilleuses.

4°

Cherchant la loi du mouvement anomalistique qui dérive du même principe, M. l'abbé Martet trouve qu'elle est formulée par la fraction B.

$$B = \frac{245 \times 7098}{99,711445711}$$

$$B = 0j,0174404775674776365341128360\ldots\ldots\ldots$$

Voyez, encore et toujours, ce nom de Jéhova et cette même légende de la Rédemption inscrits au dénominateur.

5°

Si l'on tient à connaître les rélations réciproques des trois corps célestes qui ont pour nous l'intérêt le plus immédiat; c'est-à-dire du soleil, de la terre et de la lune, et les lois qui unissent ces trois corps dans l'espace : les *lettres-chiffres* de la langue hébraïque s'empresseront de nous les donner avec la même précision, la même exactitude, et la même éloquence au point de vue de l'affirmation de la vérité des textes sacrés.

Voici le point de départ : les nombres fournis par les noms hébraïques des trois corps à comparer, sont en les calculant suivant les nouveaux procédés de M. l'abbé Martet.

pour le soleil 709
pour la terre. 339
pour la lune. 277

Notez que 706—339 = 370
et 339—277 = 62

La terre étant interposée par la valeur des nombres entre le soleil et la lune présente donc par sa comparaison avec la lune, une différence en nombre de 62 en plus; et comparée au soleil, une autre différence de 370 en moins.

Or M. l'abbé Martet a trouvé que ces deux différences sont le pivot mathématique du *mouvement synodique de la lune*, dont la formule a pour dénominateur 62,370 : c'est-à-dire précisément ces deux nombres juxtaposés, et il est retombé ainsi par une autre voie sur la même formule qu'il avait déjà obtenue pour ce même mouvement, à l'aide du seul mot *investigare* et dont voici les deux derniers termes, c'est-à-dire les deux dernières expressions mathématiques et le résultat définitif.

Le mouvement synodique de la lune (M).

$$M = \frac{1841822,809245}{62,370} = \frac{409,29305761}{13,86}$$

M — 29j, 53058857215007215OO.

M — 29j, 12h, 44m, 2s, 85263.376623.

Si nous examinons ces transformations successives de la même formule, nous trouvons pour le numérateur de la première, ainsi que nous l'avons déjà dit plus haut que ses trois premiers chiffres 184 veulent dire en langue hébraïque le célèbre *Alleluia*; et les chiffres qui suivent, se traduisent également par quatre mots hébreux dont la traduction latine donne exactement la légende suivante :

De plenitudine spiritus magnificate dominum.

Si nous passons à la seconde expression, nous trouvons que le dénominateur 13,86 représente, moyennant la simple addition des lettres, les deux mots *unus deus.* Le sceau divin, le cachet de l'unité divine reparaît ici comme toujours.

6°

Avez-vous encore quelques doutes sur les jeux possibles du hasard? voici une formule qui devra certainement les lever; c'est celle de *la loi du mouvement tropique de la lune* : elle est ainsi formulée :

$$(N)\frac{409.29395761 \times 99711,145711}{(99711,145711 \times 13,86) + (273 \times 409,29395761)}.$$

Car dans cette formule nous trouvons réunis, accumulés, tous les cachets, tous les sceaux divins que nous avons reconnus et relevés dans les formules précédentes.

273 = Jehova, 13,86 = *unus Deus*, et enfin deux 11.

fois répétée au numérateur et au dénominateur la longue légende 99711,145711. *Pater filium suum unigenitum nomini suo consummavit.*

N'oublions pas pour prouver l'exactitude de la formule (N) de donner sa conversion en jours :

N = 27j, 321582573069.

7°

La révolution sidérale de la lune, calculée sur la loi sidérale de la terre, déjà donnée, et contenant par conséquent les MÊMES FACTEURS et les MÊMES LÉGENDES, donne par les mêmes dérivations hébraïques pour derniers résultattis :

R. S. L. = 27j, 3216614765622296567 93..........
= 27j, 7h, 43m, 11s, 52565497664.

8°

La révolution draconitique, obtenue de la même manière, avec les mêmes facteurs et les mêmes légendes, donne pour résultat définif.

$$R. D. = \frac{24491}{9}$$

= 27j, 21222222222.........
= 27j, 5h, 5m, 36s.

9°

De ces deux mouvements tropique et draconitique résulte la révolution du nœud synodique.

R. S = 346j,6203426405720905.........

10°

Une autre concordance curieuse trouvée par M. l'abbé Martet, c'est que le nombre 273 qui dérive du nom de Jéhova, et qui a été le dénominateur du mouvement tropique de la terre est transféré à la lune pour l'expression du rapport de *son diamètre* avec le *diamètre moyen de la terre*, c'est-à-dire que ce rapport est exactement 0,273.

11°

Pour passer de là au diamètre du soleil, il suffit de considérer la formule qui exprime le rapport de l'année tropique avec le mois lunaire. Ses deux dernières expressions, mathématiques sont.

$$\frac{1386 \times 997111 45711}{109,29395761 \times 273} = \frac{1381.99647955446}{111.73725042753}$$
$$= 12,3682699750231327294137431$$

Inutile de dire que nous y retrouvons les facteurs connus, mais remarquons que ce dernier dénominateur est le rapport exact du diamètre du soleil avec celui de la terre ; tandis que le dénominateur de la première formule présente le double rapport des trois diamètres, la terre étant l'unité.

Observons aussi que le numérateur de la seconde formule est l'expression réelle de la moyenne orbite de la lune = 1381 rayons lunaires, 99647955446.

Je crains de fatiguer l'attention du lecteur en le retenant plus longtemps au milieu de toutes ces formules qui intéressent plutôt les astronomes que la généralité du public. Les hommes spéciaux pourront d'ailleurs les retrouver avec tous leurs développements dans le livre de M. l'abbé Martet. J'en ai assez dit, j'ai fourni assez de citations pour qu'on puisse contrôler dès aujourd'hui l'authenticité, l'exactitude mathématique de ses découvertes.

Les œuvres de M. l'abbé Martet sont à la veille d'être publiées à Paris sous le patronage d'une société de gens de lettres, de linguistes hébraïsants et de mathématiciens. Parmi ceux qui y prennent le plus vif intérêt, nous devons citer en première lignes M. le commandant Lacombe, ancien élève de l'Ecole Polytechnique, capitaine de vaisseau en retraite, et commandeur de la Légion d'honneur. Ce savant distingué a eu la patience de refaire après M. l'abbé Martet, et en suivant la même manière de procéder, tous les calculs mathématiques et astronomiques qui se présentent en foule dans le cours de ses recherches. Par une lettre du 17 février 1869, M. le commandant Lacombe nous autorise à déclarer : non-seulement que ces calculs sont parfaitement exacts, mais *qu'ils sont élémentaires* et à la portée de chacun.

« Je suis tout disposé, dit-il, à rendre service à « notre bon abbé Martet ; et si vous croyez que mon « nom puisse être de quelque valeur pour la publi« cité de ses travaux, je vous autorise volontiers à « en faire usage. Je suis prêt à donner toutes les « explications désirables aux personnes qui ne com« prendraient pas son système et la portée qu'il « peut avoir. Après avoir approfondi ses travaux, je « crois devoir affirmer que leur publicité aura un « grand retentissement dans le monde. »

Si tous ces faits se confirment, comme nous n'en doutons pas, nous serions en présence de la découverte la plus étonnante de ce siècle, car elle se rattache à tout, elle embrasse tout, depuis les plus simples questions de linguistique jusqu'aux problèmes les plus redoutables de la création de l'Univers, jusqu'aux bases fondamentales de la religion chrétienne elle-même. Il semblerait que le Tout-Puissant, dans sa miséricorde, voyant les générations successives s'enfoncer de plus en plus dons les abîmes du doute, ait permis ce jet spontané de lumière électrique pour donner à l'homme la faculté de lire une page encore inconnue du grand livre de la science universelle. Mais nous laissons à des juges plus compétents que nous à prononcer sur ces matières (1).

Quoi qu'il en soit, nous en avons assez vu pour conclure que tout n'est pas ignorance, obstination, immobilité dans cette Rome de la papauté, dans ces prêtres de Rome, dont les calomnies du jour nous font un si triste tableau. Il semble même qu'en fait de science leur vol est quelque fois bien hardi, si ce

(1) M. le commandant Lacombe nous écrivait encore il y a peu de jours : Les exemples que nous venons de donner, quelqu'extraordinaires qu'ils paraissent, ne sont absolument rien en comparaison de ce que nous pourrions offrir au public, s'il accueillait favorablement ces premiers essais. Nous abandonnerions le sentier étroit dans lequel nous nous sommes volontairement placés pour nous lancer dans une voie plus large ; et au lieu de nous arrêter sur le seuil de ce monument gigantesque élevé à la gloire de Dieu, nous en franchirions résolument l'enceinte pour en exposer à tous les yeux les prodigieuses magnificences.

Avril 1869.

J. LACOMBE.
Capitaine de vaisseau.

Si l'on nous demande comment ces découvertes ont été accueillies à Rome, nous devons reconnaître que l'autorité ecclésiastique a témoigné à cet égard la plus excessive prudence. Comme il ne s'agit point ici d'un dogme, mais d'études linguistiques et scientifiques, on a pensé avec raison qu'elles rentraient dans le domaine des hommes spéciaux à qui appartient le dernier mot sur ces questions. Il est inutile de dire que les travaux de M. l'abbé Martet sont suivis avec le plus vif intérêt par le clergé et surtout par le Saint-Père qui l'écoute toujours avec plaisir, mais qui évite de se prononcer.

n'est téméraire. Dans la première partie de ce travail nous avons constaté ce qu'il fallait penser de leur cruauté, leur esprit de vengeance, leur avarice; — de l'avidité de ces *vampires* qui, suivant l'image favorite de Garibaldi, suçent tout le sang, toute la substance de l'Italie.

Ces prêtres de Rome sont représentés, aux deux points extrêmes de la hiérarchie, par le pape-roi, le seul des souverains de l'Europe qui ait su réduire sa dépense personnelle à *cinq francs* par jour; et par ce pauvre desservant qui a passé trente ans de sa vie à remuer, comme Galilée, des mondes au bout de de ses doigts; se contentant pour tous honoraires de 1700 francs par an; et pour palais, d'une cellule et d'un mobilier dont le condottiere italien ne voudrait pas pour son valet de chambre.

Cette papauté, nous la voyons aujourd'hui au milieu de ses désastres, entourée d'ennemis qui ont juré sa perte et qui n'aspirent qu'à un moment de trouble en Europe pour se précipiter sur elle comme sur une proie; nous la voyons, dis-je, poursuivant impassible sa marche dix-huit fois séculaire, tenant aussi ferme et aussi haut que dans ses jours de fortune et de gloire, le drapeau de la civilisation et du progrès: — du progrès, compris non pas dans le sens de l'anarchie dans toutes les questions sociales et religieuses, mais dans le sens du développement moral, intellectuel et scientifique des peuples; sans redouter pour ses principes, pour ses fondements indestructibles les découvertes les plus merveilleuses de l'esprit humain. — Voilà la vérité, rien que la vérité, toute la vérité.

Le lecteur en concluera avec moi, quelle que soit la religion à laquelle il puisse appartenir, puisque nous reconnaissons tous, en fin de compte, le Dieu d'Israël, que ce drapeau de la papauté, sur lequel est inscrit le nom de Jéhova, mérite au moins les respects et les sympathies de tous, des israélites comme des chrétiens de toutes les nuances. — Et pour ceux d'entre nous qui appartenons, avec des divergences que le progrès des études bibliques fera peut-être disparaître, à l'une des branches de la grande famille chrétienne dont le catholicisme a été la souche commune, le moment est venu de se rallier aux nobles paroles d'un des plus grands esprits de notre siècle, l'illustre et vertueux Guizot, — pour dire avec lui : « Le désastre de la papauté serait le désastre de la chrétienté tout entière. »

De même donc que c'est notre premier devoir, pour nous autres Français, de demander à Dieu qu'il protége la France, c'est notre droit et aussi notre devoir de lui demander de protéger la Rome éternelle, la Rome de la papauté, la Rome de Pie IX.

APPENDICE

MÉTHODE

POUR OBTENIR UN NOMBRE CALCULÉ.

Avant de développer la méthode il y a lieu de définir ce qu'on entend par les racines d'un nom hébraïque puisqu'elles entrent dans le nombre calculé. Toute lettre additionnée ou multipliée, suivant ses trois valeurs alphabétiques, nombre, mesure et poids, donne lieu à une somme et à un produit. Le reste de la division par 9 de cette somme ou de ce produit est ce que l'abbé appelle la racine d'addition ou de multiplication de cette lettre.

Quand le reste est 0 on conserve dans les deux cas 9 pour racine.

Un nom composé de plusieurs lettres a pour racine d'addition ou de multiplication, la somme des racines de même nature de chacune de ces lettres.

Ceci posé : voyons la manière de procéder, quand on veut obtenir ce qu'on désigne sous le nom du *nombre calculé*; nous allons prendre pour exemple, le plus grand de tous les noms Jehova = יהוה.

On commence par former un tableau synoptique du nom.

TABLEAU SYNOPTIQUE

Origine du calcul.		1	4	6	6	
		125	216	125	1000	
1526	1500	5.	6.	5.	10	26
1526	1500	5.	6.	5.	10	26
1526	1500	5.	6.	5.	10	26
4578	4500	15.	18.	15.	30	78
		ה	ו	ה	י	
Jehova	1544	140	234	140	1030	

Pour cela on prend d'abord le nombre, la mesure et le poids de chaque lettre, qu'on range sur trois lignes horisontales, les unes au-dessous des autres. Par exception, ces trois valeurs sont identiques, pour Jehova 5.6.5.10 5.6.5.10 5.6.5.10 on fait ensuite la somme horizontale et verticale de chaque rangée, on obtient pour le premier cas les nombres simples de nombre, mesure et poids, tous dans l'exemple choisi égaux à 26 et dans le second cas 15.18.15.30.

L'addition des trois valeurs alphabétiques, donne le nombre complexe 78.

On multiplie de même horizontalement et verticalement les trois valeurs alphabétiques, de chaque lettre, et on obtient, les nombres 1500. 1500. 1500. et les nombres. 125. 216. 125. 1000; on en fait l'addition et la somme donne pour le premier cas 4500, pour le second cas 1466. Enfin on additionne horizontalement et verticalement tous les nombres cités et on obtient 1526. 1526. 1526. dont la somme est 4578 et 140. 234. 140. 1030 qui donne pour somme 1544.

Ce tableau une fois établi, toujours de la même manière pour tous les noms; et tous les chiffres qui y sont contenus appartenant à Jehova, puisque leur origine provient des valeurs alphabétiques des lettres de ce nom; on y puisera tous les nombres qui vont servir aux neuf degrés du calcul, pour obtenir le *nombre calculé* cherché.

11	26	8	63	74	
	26	8	24	102	124
	26	8	24		
	78	15	39	50	

16					
	3696	24	87	103	
	1898	26	50	160	192
			14		
	5594	23	73	89	

11					
	78	15	63	04	
	4500	9	24	111	133
			15		
	4578	24	48	59	

22	1526	14	81	103	
	1526	14	42	147	191
	1526	14	15		
	4578	24	66	38	

14					
	78	15	60	74	
	1466	17	32	106	134
			14		
	1544	14	46	60	

Il suffira d'exposer le mode d'opérer pour le 1er degré, puisque tous passent par les mêmes opérations.

Le 1er degré, comme on peut le voir dans le tableau ci-joint, se compose : des trois valeurs alphabétiques du nom qui donnent pour somme le nombre complexe.

La 2e colonne est la somme de la valeur absolue des chiffres en regard de la 1re. Le nombre 15 est écrit renversé, pour ne pas le confondre avec les chiffres supérieurs.

Le chiffre 11 inscrit au coin de ce petit tableau est égal au nombre de chiffres significatifs des deux premières colonnes en excluant le chiffre 15 renversé. 3e colonne, le 2e nombre 24 est la somme des trois nombres de la 2e colonne, tandis que le 3e nombre 24 n'est que la somme de la valeur absolue des chiffres de la 2e colonne. Le nombre 39 écrit le 4e et dernier est la somme du nombre renversé 15 et du 2e nombre 24 de la 3e colonne. Le nombre 63 s'obtient par l'addition du nombre 39 avec le 3e nombre 24 de la même colonne.

4e colonne. Le nombre 74 s'obtient en ajoutant au nombre 63 en regard dans la 3e colonne le chiffre 11 inscrit au coin du tableau. Le nombre 102 est la somme des deux extrêmes de la 3e colonne 63+39. Le nombre 50 est donné par l'addition du nombre 39 au nombre 11 déjà cité.

Enfin le nombre unique 124 de la 5e colonne s'obtient par l'addition des deux extrêmes de la 4e, 74+50.

Toutes ces opérations sont identiques pour tous les autres degrés.

17	1030	4	60	77	
	140	5	23	97	131
	234	9			
	140	5	23		
	1544	14	37	54	

23	5594	23	93	116	
	4578	24	61	170	216
	1544	14	16		
	11616	15	77	100	

27	78	15	120	147	
	5594	23	76		
	4578	24		218	272
	1544	14	22		
	11794	22	98	125	

30	78	15	144	144	
	141	6			
	309	12	74	202	262
	11716	16	26		
	11794	22			
	24038	17	88	118	

Nombre calculé de Jehova = 416 { 78, 262, 76 = {50, 26

Le 8e degré avec les mêmes sommes plus celle du 1er degré.

Enfin le 9e degré se compose du nombre complexe de Jehova = 78. Plus du nombre 141 = à la somme des nombres inscrits au coin des tableaux des 8 premiers degrés, plus du nombre 309 égale à la somme des quatrièmes nombres de la 3e colonne dans les 6 premiers degrés, et qui sont appelés à jouer un rôle de la première importance, enfin des sommes des 1res colonnes du 7e et 8e degré.

Ce 9ᵉ degré soumis aux mêmes opérations décrites pour le 1ᵉʳ donne lieu au nombre final 262. C'est ce nombre qui doit contribuer à former le *nombre calculé* = 416 qui est invariablement composé du nombre complexe du nom, lequel est dans l'exemple pris pour modèle 78. Du nombre final 262 plus d'un nombre 76 composé du nombre racine 50 et du nombre de mesure 26 du nom soumis au calcul.

Quelque bizarrerie apparente que présente cette manière de calculer, comme elle est absolument identique pour tous les noms hébraïques, elle est incontestablement rationnelle.

Les 1ʳᵉˢ colonnes des 6 premiers degrés, sont remplies par des nombres pris dans le tableau synoptique, à l'exception du 2ᵉ degré dont la 1ʳᵉ colonne est formée des racines d'addition et du multiplication du mot à calculer. Le 7ᵉ degré forme la 1ʳᵉ colonne avec les sommes dissemblables des 2ᵉ, 3ᵉ, 4ᵉ, 5ᵉ et 6ᵉ degrés.

Spécimen du nombre calculé investigare :

1°	Valeur simple du nombre	308
2°	id. id. mesure.	47
3°	id. id. poids.	15
4°	Mesure et poids	62
5°	Nombre complexe	370

Origine du calcul.		20112				
		12000	7600	512		
160308	160000	200.100. 8			308	Nombre.
3087	3040	20. 19. 8			47	Mesure.
111	96	3. 4. 8			15	Poids.
163506	163136	223.123.24			370	Nombre complexe.
		ר	מ	ח		
Investigare	20482	12223	7723	536		

NOMBRE CALCULÉ.

חמר = 783 {
- 370. . . . . Nombre complexe.
- 332
- 81 { 34 Racine du nom. / 47 Nombre de mesure.

13	308	11	48	61		1er degré.
	47	11	28	86	112	
	15	6	40			
	370	40	38	51		

13						
	667	19	57	70		2e degré.
	843	15	34 16	98	124	les deux racines.
	1510	7	41	54		

15						
	370	10	54	69		3e degré.
	163136	20	30 3	105	135	
	163506	24	51	66		

20						
	160308	18	81	101		4e degré.
	3087	18	39			
	111	3	24	141	181	
	163506	24	60	80		

12						
	370	10	39	51		5e degré.
	20112	6	16 7	71	95	
	20482	16	32	44		

21						
	536	14	75	96		6e degré.
	7723	19	43	134	176	
	12223	10	16			
	20482	16	59	80		

23						
	1510	7	96	119		7e degré.
	163506	21	44	175	221	
	20482	16	17			
	185498	35	79	102		

26						
	370	10	108	134		8e degré.
	1510	7	54			
	163506	21	18	278	250	
	20482	16				
	185868	36	90	116		

33	370	10	147	180		9e degré.
	143	8				
	281	11	100	266	332	
	185498	35	28			
	185868	36		152		
	372160	19	119			

Nombre complexe. 370
Somme des chiffres inscrits au coin des 8 premiers degrés. 143

Somme des nombres inscrits au bas des 3es colonnes des 6 premiers degrés. . . 281

TRES VALORES LINGUÆ HEBRAICÆ

	effec.	c.	v. a.	א	ב	ג	ד	ה	ו	ז	ח	ט	י	כ	ל	מ	נ	ס	ע	פ	צ	ק	ר	ש	ת	
Numerus . . .	22.	39.	100	1	2	3	4	5	6	7	8	9	10	20	30	40	50	60	70	80	90	100	200	300	400	1495
Mensura. . . .	33.	35.	109	1	2	3	4	5	6	7	8	9	10	11	12	13	14	15	16	17	18	19	20	21	22	253
Pondus	24.	26.	96	1	2	3	4	5	6	7	8	9	10	11	11	10	9	8	7	6	5	4	3	2	1	432
	79.	100.	205	3	6	9	12	15	18	21	24	27	30	42 ·	53	63	73	83	93	103	113	123	223	323	423	1830
Rad. 1.				3	6	9	3	6	9	3	6	0	3	6	8	9	1	2	3	4	5	6	7	8	9	
Rad. 2.				0	8	9	1	8	9	1	8	9	1	8	9	7	9	9	1	6	9	4	3	9	7	

TABLE DES MATIÈRES

12.

PARIS. — IMP. DE V. GOUPY, RUE GARANCIÈRE, 5.

www.ingramcontent.com/pod-product-compliance
Ingram Content Group UK Ltd.
Pitfield, Milton Keynes, MK11 3LW, UK
UKHW020322230726
13925UKWH00002B/568

9 782013 440035